Gurjot Singh

Melhoria do QOS da rede de sensores sem fios

Gurjot Singh

Melhoria do QOS da rede de sensores sem fios

ScienciaScripts

Cover image: www.ingimage.com

This book is a translation from the original published under ISBN 978-3-659-86737-8.

Publisher:
Sciencia Scripts
is a trademark of
Dodo Books Indian Ocean Ltd. and OmniScriptum S.R.L publishing group

120 High Road, East Finchley, London, N2 9ED, United Kingdom
Str. Armeneasca 28/1, office 1, Chisinau MD-2012, Republic of Moldova, Europe
Managing Directors: Ieva Konstantinova, Victoria Ursu
info@omniscriptum.com

Printed at: see last page
ISBN: 978-620-8-57458-1

Conteúdo

RESUMO

Uma rede de sensores sem fios é um grupo de nós independentes que comunicam sem fios numa frequência e largura de banda limitadas. A novidade das RSSF em comparação com as redes de sensores tradicionais é o facto de dependerem de uma implantação e coordenação densas para executarem as suas tarefas com êxito. As redes de sensores sem fios são utilizadas em muitas aplicações, nomeadamente nos domínios militar, ecológico e da saúde. A segurança é a principal preocupação das RSSF devido à sua natureza de comunicação sem fios e a limitações como a baixa capacidade de computação, a pouca memória, os recursos energéticos limitados, a suscetibilidade de captura ou danos físicos e a utilização de canais de comunicação sem fios inseguros. Estes condicionalismos tornam a segurança um desafio nas RSSF. Os esquemas criptográficos aumentam o nível de segurança e tornam as redes de sensores sem fios seguras contra diferentes ataques. Nesta tese, os diferentes esquemas de segurança baseados na criptografia de chave assimétrica e de chave simétrica, como o modelo de vizinho seguro, o modelo de certificado baseado na criptografia de chave assimétrica, o ISAKMP (protocolo de associação de segurança e gestão de chaves da Internet) e o IPSec (protocolo de segurança da Internet) baseados na criptografia de chave simétrica e o encaminhamento seguro (ANODR, ou seja, encaminhamento anónimo a pedido) são comparados nas RSSF. Os esquemas de criptografia de chave simétrica requerem menos tempo de processamento e também menos espaço de armazenamento em comparação com os esquemas de criptografia de chave assimétrica, o que resulta num menor impacto na QOS da rede de sensores sem fios. O fornecimento de segurança às redes de sensores tem um impacto significativo na QOS das redes de sensores.

No meu trabalho de tese, a QOS das redes de sensores sem fios, juntamente com os esquemas de segurança, será avaliada com base em métricas como o débito, o atraso extremo-a-extremo e o consumo de energia.

Capítulo 1

INTRODUÇÃO

1.1 Introdução à rede de sensores sem fios

Uma rede de sensores sem fios é constituída por nós e sensores móveis distribuídos espacialmente para monitorizar condições físicas ou ambientais, como a temperatura, a pressão, o som, etc., e para transmitir cooperativamente os dados obtidos através da rede sem fios para um local principal. As redes avançadas são bidireccionais, permitindo também o controlo da atividade dos sensores. O desenvolvimento das redes sem fios foi motivado por aplicações militares, como a vigilância de campos de batalha. Atualmente, essas redes são utilizadas em muitas aplicações industriais e de consumo, como a monitorização e o controlo de operações industriais, a monitorização do estado das máquinas, etc.

As RSSF são constituídas por "nós" que vão desde alguns a várias centenas ou mesmo milhares de nós, estando cada nó ligado a um ou mais sensores. Cada nó de uma rede de sensores é composto por vários elementos: um transmissor-recetor de rádio com uma antena interna ou uma ligação a uma antena externa, um microcontrolador, um circuito eletrónico de interface com os sensores e uma fonte de energia, geralmente uma bateria ou uma forma integrada de captação de energia. O custo dos nós sensores é variável, oscilando entre algumas e centenas de dólares, consoante a complexidade de cada nó sensor. As limitações de dimensão e custo dos nós sensores resultam noutras limitações de recursos como a energia, a memória, a velocidade de computação e a largura de banda de comunicação. A topologia das RSSF pode variar entre uma simples rede em estrela e uma avançada rede em malha sem fios multi-hop.

Considere-se o mote Crossbow "MICAz", atualmente um mote típico utilizado nas RSSF. É composto por uma bateria, um microcontrolador de 4Mhz- 8Mhz, um microprocessador (Atmega128), um transcetor RF, um ADC, 128K bytes de memória flash de programa e 4K bytes de EEPROM, 48-256kB de memória de instruções [18]. O MICA2 de Berkeley possui 48 MHz, 4KB de RAM, 128KB de flash e idealmente 916 MHz de radiofrequência [4]. É evidente que existem limitações ao que pode ser conseguido através da ligação em rede de vários destes motes. Áreas como a gestão da energia, a descoberta, o controlo e o encaminhamento da rede, o processamento da informação e a segurança estão atualmente a ser investigadas [2].

Os nós alimentados por bateria são uma caraterística comum de muitas aplicações de RSSF, em que o recarregamento ou a substituição não seriam normalmente viáveis, pelo que são considerados descartáveis. Foram explorados muitos métodos de alimentação destes dispositivos, incluindo a energia solar, mas continuam a ser considerados dispositivos de "utilização única" [14]. É de esperar uma falha incerta, pelo que é extremamente necessário maximizar o seu tempo de vida e a sua produtividade. A energia é a maior limitação das capacidades dos sensores sem fios. Assumimos que, uma vez implantados numa rede de sensores, os nós de sensores não podem ser facilmente substituídos ou recarregados [10]. Por conseguinte, a carga da bateria levada com eles para o terreno deve ser conservada para prolongar a vida de cada nó sensor e de toda a rede de sensores. Esta noção de conservação da bateria estende-se às primitivas utilizadas para reforçar a segurança nas RSSF. Os protocolos de segurança esforçam-se por ser leves, em termos de tamanho do código e requisitos de processamento, sem que haja degradação da sua utilidade para atingir este objetivo.

Para conceber uma RSSF completamente segura, a segurança deve ser integrada em cada nó do sistema. Qualquer componente de uma rede implementada sem qualquer segurança pode facilmente tornar-se um ponto de ataque. Consequentemente, isto determina que a segurança deve estar presente em todos os aspectos da conceção de uma aplicação de rede de sensores sem fios que recolha ou divulgue informações sensíveis, ou seja, que exija um elevado nível de segurança [2].

As redes convencionais exigem proteção contra a escuta, a injeção ou a modificação dos pacotes de dados propagados e, consequentemente, a maioria das aplicações das RSSF exige a mesma proteção. A criptografia é o método padrão de defesa contra esses ataques [2]. Esta defesa implica uma série de outros compromissos. Níveis variáveis de proteção criptográfica implicam um nível proporcionalmente variável de sobrecarga, sob a forma de aumento do tamanho dos pacotes, do tamanho do código, da utilização do processador, etc. No entanto, a decisão depende da capacidade de computação e de comunicação dos nós sensores. Uma vez que os nós sensores têm, normalmente, restrições severas, a criptografia assimétrica é muitas vezes demasiado dispendiosa para muitas aplicações. Assim, uma abordagem eficaz consiste em utilizar alternativas criptográficas simétricas mais eficientes [15]. Este é o cerne de todo o debate sobre as melhores técnicas de segurança nas RSSF. É extremamente importante garantir a defesa contra todos os ataques conhecidos aquando da conceção de um sistema de segurança para uma RSSF. O êxito da aplicação dependerá em grande medida da sua fiabilidade e robustez contra os ataques.

A conceção de um protocolo de segurança para as RSSF envolve muitos obstáculos e condicionalismos. As capacidades limitadas de memória, armazenamento e processador, juntamente com as rigorosas limitações de energia, distinguem os requisitos de conceção da arquitetura de segurança das RSSF de qualquer outra. As duras condições ambientais de funcionamento, a ameaça de comprometimento físico e a transferência de dados não fiável também constituem desafios para os projectistas. Os domínios de aplicação pretendidos são intrínsecos ao tipo/nível de segurança exigido. Limitada apenas pelo que pode ser tecnologicamente detectado, a porta está aberta para aplicações de RSSF em todos os sectores da vida.

1.2 Requisitos de segurança em redes de sensores sem fios

O principal objetivo dos serviços de segurança nas RSSF é proteger a informação e os recursos contra ataques e comportamentos incorrectos. Os requisitos de segurança das RSSF incluem: **1.2.1. Disponibilidade:** Garante que os serviços de rede desejados estão disponíveis mesmo na presença de ataques de negação de serviço. Determina se os nós têm a capacidade de utilizar os recursos e se a rede está disponível para a comunicação dos dados. Uma falha na disponibilidade da estação de base ou do chefe de agrupamento põe em risco toda a rede de sensores. Assim, a disponibilidade é a principal prioridade para manter uma rede operacional.

1.2.2. Autorização: Garante que apenas os sensores autorizados podem estar envolvidos em , fornecendo informações aos serviços de rede. Se houver sensores não autorizados envolvidos na rede, estes fornecem informações incorrectas aos seus nós vizinhos, o que conduz a violações da segurança.

1.2.3. Autenticação: Garante que a comunicação de um nó para outro nó é natural. Ou seja, um nó malicioso não se pode fazer passar por um nó de rede fiável. Um adversário não só modifica o pacote de dados, como também altera todo o fluxo de pacotes, injectando pacotes maliciosos. É por isso que o recetor precisa de garantir que os dados utilizados em qualquer processo de tomada de decisão provêm da fonte legítima. Na construção da rede de sensores, a autenticação é a principal prioridade para operações administrativas como a reprogramação da rede. Do que precede, conclui-se que a autenticação de mensagens é importante para muitas aplicações em redes de sensores. A autenticação dos dados permite a um recetor verificar se os dados são efetivamente enviados pelo remetente legítimo ou não. No caso da comunicação entre duas partes, a autenticação de dados pode ser conseguida utilizando um mecanismo puramente simétrico; o emissor e o recetor partilham uma chave secreta para calcular o código de autenticação de mensagem (MAC) de todos os dados comunicados [10].

1.2.4. Confidencialidade dos dados: A confidencialidade dos dados é a questão mais importante da segurança da rede. Do ponto de vista da segurança, todas as redes abordam este problema. Nas redes de sensores, a confidencialidade está relacionada com o seguinte [10]:

-Uma rede de sensores não deve transferir informações incorrectas para os seus vizinhos. Especialmente numa aplicação militar, o nó sensor deve armazenar informações altamente sensíveis.

-Em muitas aplicações, os nós comunicam dados altamente sensíveis, por exemplo, a distribuição de chaves, pelo que o canal através do qual estas informações são comunicadas é tornado seguro numa rede de sensores sem fios.

1.2.5. Integridade dos dados: Garante que a informação comunicada entre diferentes partes não é modificada por nós intermediários maliciosos. A integridade dos dados nas redes de sensores é necessária para garantir a fiabilidade dos dados e refere-se à capacidade de confirmar que uma mensagem não foi alterada. Mesmo que a rede disponha de medidas de confidencialidade, existe ainda a possibilidade de a integridade dos dados ter sido comprometida por atacantes. A integridade da rede estará em perigo quando:

- O nó malicioso presente na rede de sensores sem fios introduz informações ilegais.

- Condições instáveis devido ao canal sem fios destroem os dados.

1.2.6. Auto-organização: Uma rede de sensores sem fios é tipicamente uma rede ad hoc, o que exige que cada nó sensor seja suficientemente flexível para se auto-organizar e auto-regenerar de acordo com as situações necessárias. Não existe uma infraestrutura fixa disponível para efeitos de gestão da rede numa rede de sensores. Esta caraterística congénita coloca um grande desafio à segurança das redes de sensores sem fios. Se não houver auto-gestão numa rede de sensores, os danos resultantes de um ataque podem ser devastadores [8].

1.3 . Esquemas de segurança para redes de sensores sem fios

As RSSF são vulneráveis a diferentes tipos de ataques que afectam o desempenho da rede. Para o evitar, aplicam-se diferentes tipos de esquemas de segurança baseados na criptografia às redes de sensores sem fios para as proteger destes ataques.

1.3.2. Segurança do Protocolo Internet (IPSec)

O IPSec é um conjunto de protocolos normalizados da Internet Engineering Task Force (IETF) que fornece autenticação, confidencialidade e integridade dos dados à medida que estes são transferidos entre as extremidades da comunicação através das redes IP. O IPSec fornece segurança de dados ao nível dos pacotes IP. Proporciona segurança de extremo a extremo. Funciona no nível Internet do conjunto de protocolos Internet. O IPSec funciona em dois modos: o modo túnel e o modo transporte. O modo de transporte protege os pacotes provenientes da camada de transporte para a camada de rede, encapsulando a carga útil. Não encapsula o cabeçalho. O cabeçalho e o trailer do IPSec são adicionados aos pacotes provenientes da camada de transporte. É utilizado quando é necessário proteger os pacotes de dados de anfitrião para anfitrião. No modo túnel, todo o pacote é protegido juntamente com o cabeçalho. Neste modo, é acrescentado o cabeçalho IP. O modo túnel é utilizado quando a comunicação ocorre entre dois routers, um router e um anfitrião ou entre um anfitrião e um router. Existem dois protocolos na estrutura IPSec: Protocolo de cabeçalho de autenticação (AH) e Encapsulating Security Payload (ESP), que fornecem autenticação e encriptação para a segurança dos pacotes. O protocolo de cabeçalho de autenticação autentica a fonte e assegura a integridade da carga útil transportada num pacote IP. Este protocolo utiliza uma função de hash e uma chave simétrica para criar o resumo da mensagem. O resumo é inserido no cabeçalho de autenticação e, em seguida, o AH é colocado no local adequado de acordo com o modo. O cabeçalho de autenticação fornece autenticação e integridade, mas não fornece privacidade.

1.3.2.1 Encapsulamento de carga de segurança (ESP)

Fornece autenticação, integridade e confidencialidade, que protegem os dados contra adulteração e, mais eficazmente, fornecem proteção do conteúdo da mensagem. O IPSec fornece uma estrutura aberta para a implementação de algoritmos normalizados da indústria, como o SHA e o MD5. Os algoritmos que o IPSec utiliza produzem um identificador único e não falsificável para cada pacote, que é um equivalente de dados de uma impressão digital. Esta impressão digital permite ao dispositivo garantir se os pacotes de dados foram ou não adulterados. Além disso, os pacotes que não são autenticados são rejeitados e não são entregues ao recetor autorizado. Também fornece todos os serviços de encriptação no IPSec. O processo de encriptação traduz a mensagem legível (dados) para um formato ilegível que oculta totalmente o conteúdo da mensagem e que não pode ser compreendido por qualquer intruso. A desencriptação traduz o conteúdo da mensagem de um formato ilegível para uma mensagem legível. A encriptação/desencriptação permite que apenas o emissor e o recetor autorizado leiam os dados. Para além disso, o ESP tem outra opção para efetuar a autenticação, denominada autenticação ESP. Esta autenticação ESP fornece autenticação e integridade para a carga útil e não para o cabeçalho IP. O procedimento do ESP segue os seguintes passos:

1. Um reboque ESP é adicionado à carga útil.
2. A carga útil e o reboque são encriptados.
3. O cabeçalho ESP é adicionado.
4. O cabeçalho ESP, o payload e o trailer ESP são utilizados para criar os dados de autenticação.
5. Os dados de autenticação são acrescentados ao final do atrelado ESP.
6. O cabeçalho IP é adicionado depois de o valor do protocolo ser alterado para 50.

6.1.1.1.1 DES (Norma de encriptação de dados)

A norma de cifragem de dados, também designada por algoritmo de cifragem de dados, foi desenvolvida pelo National Bureau of Standard (NBS), EUA, em 1972, num projeto destinado a proteger os dados em computadores e comunicações informáticas [19]. O princípio básico de funcionamento do DES é o seguinte:

O DES é uma cifra de bloco. Encripta dados em blocos, cada um com 64 bits de tamanho. Ou seja, o texto simples de tamanho 64 bits serve de entrada ao DES, que produz 64 bits de texto cifrado. Este algoritmo e chave são também utilizados para encriptação e desencriptação, com pequenas diferenças entre si. O comprimento da chave é de 56 bits. A ideia básica que mencionámos é que o DES utiliza uma chave de 56 bits. Na verdade, a chave inicial utilizada é constituída por 64 bits. No entanto, antes de iniciar o processo de DES, cada oitavo bit da chave é descartado para produzir uma chave de 56 bits. Ou seja, as posições dos bits 8,16,24,32, 40, 48, 56 e 64 são descartadas. Assim, o descarte de cada 8th bit da chave produz uma chave de 56 bits a partir da chave original de 64 bits.

De uma forma simplista, o DES baseia-se em dois atributos fundamentais da criptografia: substituição e transposição. O DES é composto por 16 etapas, cada uma das quais é designada por ronda. Cada ronda efectua as paragens de substituição e transposição. Os passos de nível geral do DES são os seguintes

Passo 1. O texto simples de 64 bits é entregue a uma função de permutação inicial (IP).

Passo 2: A permutação inicial é efectuada no texto simples.

Passo 3. De seguida, a permutação inicial (IP) produz duas metades do bloco permutado; digamos, Texto Simples à Esquerda (LPT) e Texto Simples à Direita (RPT).

Passo 4. Agora, cada uma das LPT e RPT passa por 16 rondas de processo de encriptação.

Passo 5. No final, a LPT e a RPT são reunidas e a permutação final (FP) é efectuada no bloco combinado.

Passo 6. O resultado deste processo produz um texto cifrado de 64 bits.

Este processo é apresentado no diagrama seguinte [19]:

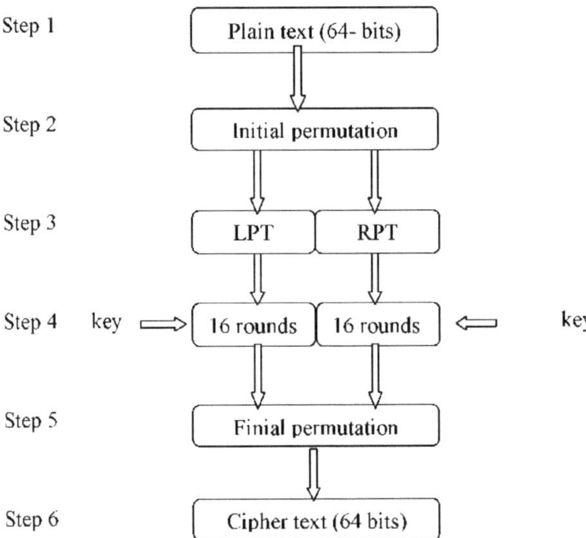

Figura 1.1. Etapas de nível geral no DES

a. Permutação inicial (IP): Como já referimos, a permutação inicial ocorre apenas uma vez e acontece antes da primeira ronda. Por exemplo, diz-se que a PI substitui o primeiro bit do bloco de texto simples original pelo 58.º bit do bloco de texto simples original, o segundo bit pelo 50.º bit do bloco de texto simples original e assim por diante. Isto não passa de um malabarismo com a posição dos bits do bloco de texto simples original.

Rondas: Cada uma das 16 rondas, por sua vez, é composta por etapas de nível alargado:

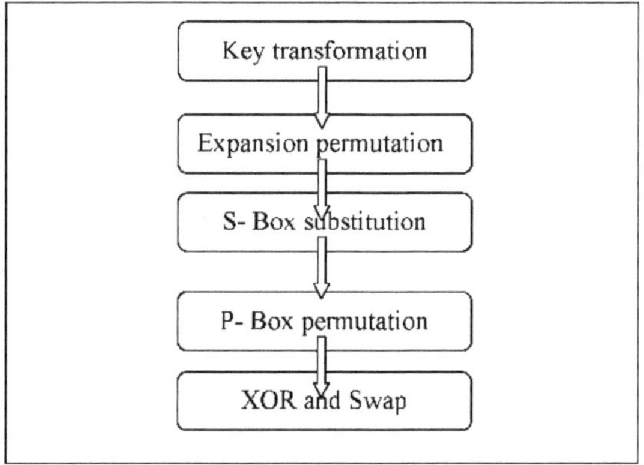

Figura 1.2. Pormenor de uma ronda no DES

Etapa 1: Transformação da chave: observámos que a chave inicial de 64 bits é transformada numa chave de 56 bits, descartando cada 8 th bit da chave inicial. Assim, para cada ronda, está disponível uma chave de 56- bits. A partir desta chave de 56 bits, é gerada uma subchave diferente de 48 bits em cada ronda, através de um processo designado por transformação de chaves. Para o efeito, a chave de 56 bits é dividida em duas metades, cada uma com 28 bits de tamanho. Estas metades são deslocadas circularmente para a esquerda em uma ou duas posições, consoante a ronda. Por exemplo, se o número da ronda for 1, 2, 9 ou 16, o deslocamento é efectuado apenas por uma posição. Para outras rondas, o deslocamento circular é efectuado em duas posições. O número de bits-chave deslocados por ronda é apresentado na tabela abaixo.

Tabela 1.1. Número de bits-chave deslocados por ronda

Round	1	2	3	4	5	6	7	8	9	10	11	12	13	14	15	16
No. of key bits shifted	1	1	2	2	2	2	2	2	1	2	2	2	2	2	2	1

Após um deslocamento adequado, são selecionados 48 dos 56 bits. Para selecionar 48 dos 56 bits, é utilizada a tabela acima mencionada. Por exemplo, após o deslocamento, o bit número 14 passa para a primeira posição, o bit número 17 passa para a segunda posição e assim por diante. Se observarmos a tabela com atenção, percebemos que ela contém apenas 48 posições de bits. O bit número 18 é descartado, como os outros 7, para reduzir a chave de 56 bits para uma chave de 48 bits. Uma vez que o processo de transformação da chave envolve a permutação e a seleção de um subconjunto de 48 bits da chave original de 56 bits, chama-se permutação de compressão. Devido a esta técnica de permutação de compressão, é utilizado um subconjunto diferente de bits da chave em cada ronda. Isto torna o DES suficientemente forte para não ser facilmente decifrado.

Passo 2: Permutação de expansão: recorde-se que após a permutação inicial (IP), tínhamos duas áreas de texto simples de 32 bits, designadas por Left Plain Text (LPT) e Right Plain Text (RPT). Durante a permutação de expansão, o rpt é expandido de 32 bits para 48 bits. Para além de aumentar o tamanho dos bits de 32 para 48, os bits também são permutados, daí o nome permutação de expansão. Isto acontece da seguinte forma:

1. A RPT de 32 bits está dividida em 8 blocos, sendo cada bloco constituído por 4 bits.

2. De seguida, cada bloco de 4 bits do passo anterior é expandido para o bloco de 6 bits correspondente. Ou seja, por cada bloco de 4 bits, são adicionados mais 2 bits. Estes dois bits são, na realidade, o primeiro e o quarto bits repetidos do bloco de 4 bits. O segundo e o terceiro bits são escritos tal como estavam na entrada.

Este processo resulta na expansão e permutação dos bits de entrada ao criar a saída. Como vimos, em primeiro lugar, o processo de transformação da chave comprime a chave de 56 bits para 48 bits. Em seguida, o processo de permutação de expansão expande a chave de 32 bits RPT para 48 bits e a chave é XORed com a RPT de 48 bits e a saída resultante é dada ao passo seguinte, que é a substituição da s-box.

Etapa 3: Substituição da S-box: É um processo que aceita a entrada de 48 bits da operação XOR envolvendo a chave comprimida e a RPT expandida e produz uma saída de 32 bits utilizando as técnicas de substituição. A substituição é efectuada por oito caixas de substituição . Cada uma das oito S-boxes tem uma entrada de 6 bits e uma saída de 4 bits. O bloco de entrada de 48 bits é dividido em 8 sub-blocos e cada um desses sub-blocos é atribuído a uma S-box. A S-box transforma a entrada de 6 bits numa saída de 4 bits.

Passo 4: Permutação da caixa P*:* A saída da S-box é constituída por 32 bits. Estes 32 bits são permutados utilizando uma P-box. Este mecanismo direto de permutação envolve uma permutação simples. Chama-se permutação da caixa P. A caixa P é mostrada a seguir. Por exemplo, um 16 no primeiro bloco indica que o bit na posição 16 da entrada original passa para o bit na posição 1 na saída e um 10 no bloco número 16 indica que o bit na posição 10 da entrada original passa para o bit na posição 16 na saída.

Tabela 1.2. Permutação da caixa P

16	7	20	21	29	12	28	17	1	15	23	26	5	18	31	10
2	8	24	14	32	27	3	9	19	13	30	6	22	11	4	25

Passo 5: XOR e Swap Note que temos estado a efetuar todas estas operações apenas na metade direita de 32 bits do texto simples original de 64 bits. A porção da metade esquerda não foi tocada até agora. Neste momento, a metade esquerda do bloco inicial de texto simples de 64 bits é colocada em XOR com a saída produzida pela permutação da caixa P. A saída desta operação XOR resulta na nova metade direita. No processo

de permutação, a antiga metade direita resulta na nova metade esquerda.

b. Permutação final: No final das 16 rondas, é efectuada a permutação final. Trata-se de uma simples transposição, baseada na tabela abaixo. Por exemplo, o $^{40°}$ bit de entrada assume a posição do $^{1°}$ bit de saída e assim por diante.

Tabela 1.3. Permutação final

40	8	48	16	56	24	64	32	39	7	47	15	55	23	63	31
38	6	46	14	54	22	62	30	37	5	45	13	53	21	61	29
36	4	44	12	52	20	60	28	35	3	43	11	51	19	59	27
34	2	42	10	50	18	58	26	33	1	41	9	49	17	57	25

O resultado da permutação final é o bloco encriptado de 64 bits.

c. Desencriptação DES: A partir da discussão acima sobre o DES, podemos ter a sensação de que se trata de um esquema de encriptação extremamente complicado; por conseguinte, a desencriptação utilizando o DES empregaria uma abordagem completamente diferente. Para surpresa da maioria das pessoas, o mesmo algoritmo utilizado para a encriptação também funciona para a desencriptação. Os valores de várias tabelas e operações, bem como a sua sequência, são escolhidos com tanto cuidado que o algoritmo é reversível. A única diferença entre o processo de encriptação e o de desencriptação é a inversão das partes da chave. Se a chave original K foi dividida em K1, K2, K3..., K16 para as 16 rondas de encriptação, então, para o processo de desencriptação, a chave deve ser utilizada como K16, K15, K14, e K13... , K1.

1.3.1.1.2 Modo CBC

No encadeamento de blocos de cifra, o encadeamento acrescenta um mecanismo de feedback a uma cifra de bloco. No ECB (bloco de código eletrónico), numa dada mensagem, um bloco de texto simples produz sempre o mesmo bloco de texto cifrado. Assim, se um bloco de código de texto simples ocorrer mais do que uma vez na entrada, o bloco de texto cifrado correspondente também ocorrerá mais do que uma vez na saída, fornecendo assim algumas pistas a um criptanalista. Para ultrapassar este problema, é utilizado o modo CBC. Este modo garante que, mesmo que um bloco de texto simples se repita na entrada, estes dois blocos de texto simples idênticos produzem blocos de texto cifrado totalmente diferentes na saída.

No CBC, os resultados da cifragem do bloco anterior são introduzidos na cifragem do bloco atual, ou seja, cada bloco é utilizado para modificar a cifragem do bloco seguinte. Assim, cada bloco de texto cifrado depende do correspondente bloco de texto simples de entrada atual, bem como de todos os blocos de texto simples anteriores.

O processo de encriptação do CBC é descrito da seguinte forma:

Passo 1. A primeira etapa recebe duas entradas: o primeiro bloco de texto simples e um bloco de texto aleatório, designado por vetor de inicialização (IV).

a. O IV não tem qualquer significado especial: é simplesmente utilizado para tornar cada mensagem única. O valor do IV é gerado aleatoriamente, pelo que a sua repetição em duas mensagens diferentes é bastante rara. Ajuda a tornar o texto cifrado algo único ou, pelo menos, bastante diferente de todos os outros textos cifrados numa mensagem diferente. Não é obrigatório manter o IV secreto - pode ser conhecido por toda a gente. Isto parece um pouco confuso. O resultado do primeiro bloco é dado como entrada para o bloco seguinte e o mesmo se passa quando a totalidade da mensagem não é cifrada. Assim, não há nenhuma razão especial para que o IV do primeiro bloco seja mantido secreto. É a chave utilizada para a cifragem. No entanto, na prática, para uma segurança máxima, tanto a chave como o IV são mantidos secretos.

b. O primeiro bloco de texto cifrado e o IV são combinados utilizando XOR e depois cifrados utilizando uma chave para produzir o primeiro bloco de texto cifrado. O primeiro bloco de texto cifrado é então fornecido como feedback para o bloco de texto simples seguinte.

Passo 2. Na segunda etapa, o segundo bloco de texto simples é ligado por XOR à saída do primeiro bloco de texto cifrado e o processo continua até que toda a mensagem seja encriptada.

Lembre-se que o vetor de inicialização é utilizado apenas no primeiro bloco de texto simples. No entanto, a mesma chave é utilizada para a encriptação de todos os blocos de texto simples.

No processo de desencriptação, o bloco de texto cifrado é passado pelo algoritmo de desencriptação utilizando a mesma chave que foi utilizada durante o processo de encriptação para todos os blocos de texto simples. O resultado deste passo é então XORed com o vetor de inicialização. Este processo dá origem a um bloco de texto simples. Este processo continua para todos os blocos de texto cifrado na mensagem cifrada [19].

1.3.1.1.3 Protocolo de autenticação de mensagens (MAC)

O MAC envolve o processo criptográfico. Exige que o emissor e o recetor conheçam a chave simétrica partilhada que é utilizada na preparação do MAC. É bastante semelhante ao resumo de mensagens, com apenas uma diferença. O message digest é simplesmente uma impressão digital de uma mensagem [19]. Não existe qualquer processo criptográfico envolvido no caso do resumo de mensagens. O funcionamento do MAC é o seguinte: Vamos supor que o remetente A quer enviar uma mensagem M para um recetor B, então: **Passo 1.** A e B partilham uma chave simétrica K, que não é conhecida por mais ninguém. A calcula o MAC aplicando a chave K à mensagem M.

Passo 2. A envia então a mensagem original M e o MAC H1 para B.

Passo 3. Quando B recebe a mensagem, B também utiliza K para calcular o seu próprio

MAC H2 sobre M.

Passo 4. B compara agora H1 e H2. Se os dois coincidirem, B conclui que a mensagem M não foi alterada durante o trânsito. No entanto, se H1 não for igual a H2, B rejeita a mensagem, pois considera que a mensagem foi alterada durante o trânsito.

A importância do MAC reside no facto de o MAC garantir ao recetor que a mensagem não foi alterada. Isto porque, se o atacante alterar a mensagem mas não alterar o MAC, o cálculo do MAC pelo recetor será diferente. A chave utilizada no cálculo do MAC é garantidamente conhecida apenas pelo emissor e pelo recetor. Por conseguinte, o atacante não conhece a chave e não pode alterar o MAC. O recetor tem a garantia de que a mensagem veio efetivamente do remetente correto, uma vez que a chave secreta só é conhecida pelo remetente e pelo recetor.

O cálculo do MAC parece ser bastante semelhante a um processo de encriptação, mas é diferente num aspeto: na criptografia de chave simétrica, o processo criptográfico tem de ser reversível, a mesma chave é utilizada tanto para a encriptação como para a desencriptação, mas no caso do MAC, tanto o emissor como o recetor só realizam o processo de encriptação. É suficiente que seja apenas uma função unidirecional.

1.3.1.1.4 Código de autenticação de mensagens baseado em hash (HMAC)

O HMAC foi escolhido como uma implementação de segurança obrigatória para a segurança do protocolo Internet. A ideia funcional subjacente ao HMAC consiste em reutilizar os algoritmos existentes de resumo de mensagens, como o MD5 ou o SHA-1. Utiliza a chave simétrica partilhada para cifrar o resumo da mensagem, que produz o MAC de saída.

O funcionamento do HMAC é o seguinte: Para isso, as diversas variáveis que serão utilizadas no nosso HMAC são:

MD- A função de digestão/hash da mensagem utilizada

M- A mensagem de entrada cujo MAC deve ser calculado

L- O número de blocos da mensagem M

b- O número de bits em cada bloco

K- Chave simétrica partilhada a utilizar no HMAC

Ipad- Uma cadeia 00110110 repetida b/8 vezes

Opad- Uma corda 01011010 repetida b/8 vezes

As etapas da operação HMAC são as seguintes:

Passo 1. Tornar o comprimento de K igual a b- O algoritmo começa com três possibilidades, dependendo do comprimento da chave K:

a. Comprimento de K<b- Neste caso, é necessário expandir a chave (K) para que o comprimento de K seja igual ao número de bits do bloco de mensagem original. Para isso, adicionamos tantos bits 0 quantos os necessários à esquerda de K. Por exemplo, se o comprimento de K= 170 bits e b = 512, então adicionamos 342 bits, todos com valor 0 à esquerda de K. Continuaremos a chamar a esta chave modificada K.

b. Comprimento de K=b- Neste caso, não tomamos qualquer ação e passamos à etapa seguinte.

c. Comprimento de K>b- Neste caso, precisamos de cortar K para que o comprimento de K seja igual ao número de bits do bloco de mensagem original. Para isso, passamos K pelo algoritmo de digestão de mensagens (H) selecionado para esta instância particular do HMAC, que nos dará uma chave K, aparada de modo a que o seu comprimento seja igual a b.

Passo 2. XOR K com Ipad para produzir S1 - Fazemos XOR K e ipad para produzir uma variável chamada S1.

Passo 3. Anexar M a S1- Pegamos agora na mensagem original M e anexamo-la simplesmente ao final de S1.

Passo 4. Algoritmo de digestão de mensagens - Agora, o algoritmo de digestão de mensagens selecionado é aplicado ao resultado da etapa 3. Chamemos ao resultado desta operação H.

Passo 5. XOR K com Opad para produzir S2- Agora, fazemos XOR K com o opad para produzir uma variável chamada S2.

Passo 6. Anexar H a S2- Nesta etapa, pegamos no resumo da mensagem calculado na etapa 4, ou seja, H, e anexamo-lo simplesmente ao final de S2.

Passo 7. Algoritmo de digestão de mensagens - Agora, o algoritmo de digestão de mensagens selecionado é aplicado ao resultado do passo 6. Este é o MAC final que pretendemos [19].

1.3.1.1.5 Resumo da mensagem

Um message digests é uma impressão digital de uma mensagem. É semelhante ao conceito de controlo cíclico de redundância (CRC). É utilizado para verificar a integridade dos dados, ou seja, para garantir que uma mensagem não foi alterada depois de sair do remetente mas antes de chegar ao destinatário.

O conceito de message digest baseia-se em princípios semelhantes. No entanto, o seu âmbito é muito alargado. Por exemplo, suponhamos que temos um número, digamos 4000, e se o dividirmos por 4 o resultado é 1000, então 4 torna-se uma impressão digital do número 4000. Dividir 4000 por 4 resultará sempre em 1000. Se alterarmos 4000 ou 4, o resultado, digamos 1000, não é encontrado.

Outro conceito importante é o seguinte: se nos for dado o número 4, mas não for apresentada qualquer outra informação sobre o mesmo, não conseguiremos encontrar a equação 4 * 1000 = 4000. Assim, temos aqui mais um ponto-chave importante, ou seja, a impressão digital de uma mensagem não diz nada sobre a mensagem original. Isto deve-se ao facto de existirem infinitas outras equações possíveis que podem produzir o resultado 4. Outro exemplo: suponhamos que queremos calcular o resumo da mensagem de um número 7391753. Para isso, multiplicamos cada dígito do número pelo dígito seguinte (excluindo-o se for 0) e desprezando o primeiro dígito das operações de multiplicação. Assim, efectuamos uma operação de hashing sobre um bloco de dados para produzir o seu hash ou message digest, cujo tamanho é inferior ao tamanho da mensagem original. O resumo da mensagem não é assim tão pequeno, sendo normalmente constituído por 128 ou mais bits. Assim, a probabilidade de dois resumos de mensagens serem iguais varia entre 0 e, pelo menos, 2^128. O comprimento do resumo da mensagem é escolhido com um objetivo. Isto garante que o âmbito de duas mensagens digeridas seja o mesmo. Existem diferentes algoritmos de resumo de mensagens, sendo o mais utilizado o MD5 [19].

1.3.1.1.6 Código numérico de mensagem 5 (MD5)

O MD5 é o algoritmo de digestão de mensagens desenvolvido por Ron Rivest. O MD5 tem, de facto, as suas raízes numa série de algoritmos de digestão de mensagens, que foram os antecessores do MD5, todos eles desenvolvidos por Ron Rivest. O algoritmo original de digestão de mensagens chamava-se MD. A versão seguinte é a MD2, mas verificou-se que era bastante fraca. Por conseguinte, Rivest trabalhou no MD3, que falhou. De seguida, desenvolveu o MD5 [19].

O MD5 é bastante rápido e produz message digests de 128 bits. Tem sido capaz de se defender com sucesso contra colisões. O funcionamento do MD5 é o seguinte: **Passo 1.** Preenchimento - O primeiro passo do MD5 é adicionar bits de preenchimento à mensagem original. O objetivo é fazer com que o comprimento da mensagem original seja igual ao valor, que é 64 bits inferior a um múltiplo exato de 512. Por exemplo, se o comprimento da mensagem original for de 1000 bits, adicionamos um enchimento de 472 bits para que o comprimento da mensagem seja de 1472 bits. Isto porque, se adicionarmos 64 a 1472, obtemos 1536, que é múltiplo de 512. Assim, após o preenchimento, a mensagem original terá um comprimento de 448 bits (64 a menos que 512 bits), 960 bits (64 a menos que 1024 bits) etc.

O preenchimento consiste num único 1-bit, seguido de um número de 0-bits, conforme necessário. O preenchimento é sempre adicionado, mesmo que o comprimento da mensagem já seja 64 bits inferior a um múltiplo de 512.

Passo 2. Acrescentar o comprimento - Após a adição dos bits de preenchimento, calcula-se o comprimento original da mensagem e acrescenta-se ao final da mensagem, após o preenchimento. O comprimento da mensagem é calculado, excluindo os bits de preenchimento. Por exemplo, se a mensagem original consistia em 1000 bits e adicionámos um preenchimento de 472 bits para tornar o comprimento da mensagem

64 bits inferior a 1536, o comprimento é considerado 1000 e não 1472 para efeitos desta etapa.

Este comprimento da mensagem original é agora expresso num valor de 64 bits e estes 64 bits são acrescentados ao fim da mensagem original + enchimento. Note-se que, se o comprimento da mensagem exceder 2^64 bits, utilizamos apenas os bits de ordem inferior do comprimento, ou seja, calculamos o comprimento mod 2 ^64 nesse caso. Esta passa a ser a mensagem cujo digest será calculado.

Passo 3. Dividir a entrada em blocos de 512 bits - Agora dividimos a mensagem de entrada em blocos de 512 bits.

Passo 4. Inicializar variáveis de encadeamento - Neste passo, são inicializadas quatro variáveis. São designadas por A, B, C e D. Cada uma delas é um número de 32 bits.

Passo 5. Processar blocos - Depois de todas as inicializações, começa o verdadeiro algoritmo. É bastante complicado e vamos discuti-lo passo a passo para o simplificar o mais possível. Existe um ciclo que é executado para tantos blocos de 512 bits quantos os que estão na mensagem.

Passo 1. Copie as quatro variáveis para as quatro variáveis correspondentes a, b, c, d. Assim, temos agora a= A, b= B, c= C, d= D. Na realidade, o algoritmo considera a combinação de a, b, c, d como um único registo de 128 bits. Este registo é útil no funcionamento real do algoritmo para guardar resultados intermédios e finais.

Passo 2. Dividir o bloco atual de 512 bits em 16 sub-blocos. Assim, cada sub-bloco contém 32 bits.

Passo 3. Agora, temos quatro rondas. Em cada ronda, calculamos todos os 16 sub-blocos pertencentes a um bloco. As entradas para cada ronda são: **a.** todos os 16 sub-blocos

b. as variáveis designadas por a, b, c, d **c.** algumas constantes, designadas por t.

Todas as quatro rondas variam de uma forma extensiva: o passo 1 das quatro rondas tem um processamento diferente, enquanto os outros passos têm o mesmo.

- Em cada ronda, temos 16 sub-blocos de entrada, designados M[0], M[1], ...M[15]. Em geral, M[i], I varia de 0 a 15. Como cada sub-bloco é composto por 32 bits.

- Além disso, t é uma matriz de constantes que contém 64 elementos, sendo cada elemento constituído por 32 bits. Designamos os elementos desta matriz t por t[1], t[2],.t[64]. Como há quatro rondas, utilizamos 16 dos 64 valores de t em cada ronda.

1.3.1.2 Cabeçalho de autenticação (AH)

O protocolo do cabeçalho de autenticação foi concebido para autenticar o anfitrião de origem e para garantir a integridade da carga útil transportada no pacote IP. O protocolo utiliza uma função de hash e uma chave simétrica para criar um resumo da mensagem; o resumo é inserido no cabeçalho de autenticação. O AH é então colocado na localização apropriada com base no modo.

Quando um datagrama IP contém um cabeçalho de autenticação, o valor real no campo de protocolo do cabeçalho IP é substituído pelo valor 51. O campo no interior do cabeçalho de autenticação (o campo seguinte do cabeçalho) contém o valor original do campo de protocolo (o tipo de carga útil transportado pelo datagrama IP).

1.3.2Associação de Segurança da Internet e Protocolo de Gestão de Chaves (ISAKMP)

O protocolo ISAKMP (Internet Security Association and Key Management Protocol) é um quadro básico para garantir a segurança no ambiente da Internet. O ISAKMP dá apoio a outros protocolos de segurança para criar e manter associações de segurança (SA) na rede. O anfitrião ISAKMP negoceia a associação de segurança (ISAKMP SA) com outros anfitriões ISAKMP e também com protocolos e serviços de segurança. A Associação de Segurança ISAKMP é utilizada para criar uma Associação de Segurança definida pelo utilizador para negociação entre anfitriões. Os serviços de segurança definidos pelo utilizador, o algoritmo de cifragem, a técnica de troca de chaves e o mecanismo de autenticação são criados através do acoplamento da associação de segurança com os mecanismos de autenticação e de estabelecimento de chaves. O serviço de segurança no ISAKMP é seguido de 3 DES (Triple DES) - CBC (Cipher Block Channing) e, para autenticação, é utilizado o HMAC-SHA, que funciona com blocos de dados de 64 bytes. O Data Encryption Standard (DES) é um marco no algoritmo criptográfico. O DES é uma cifra de bloco. Encripta dados em blocos de 64 bits cada, que são dados como entrada, e produz 64 bits de texto cifrado como saída. O algoritmo de encadeamento de blocos de cifra (CBC) produz blocos de texto de cifra totalmente diferentes na saída quando blocos de texto simples idênticos são dados como entrada para o algoritmo. O resultado da cifragem do bloco anterior é introduzido na cifragem do bloco atual.

O ISAKMP define o formato dos pacotes e os procedimentos para negociar, modificar (SAs) e também os payloads para a troca de dados de geração de chaves e autenticação. O ISAKMP distingue claramente os protocolos de troca de chaves dos pormenores da gestão das associações de segurança. Existem muitos protocolos de troca de chaves diferentes; cada protocolo tem propriedades de segurança diferentes. É eficiente separar os sistemas para uma melhor interoperabilidade com diferentes requisitos de segurança e deve também simplificar a análise da evolução futura de um servidor ISAKMP [7].

1.3.2.1 DES triplo

Embora o ataque "meet-in-the-middle" ao DES duplo não seja ainda muito prático, em criptografia, é sempre melhor correr o mínimo de riscos possível. Consequentemente, o DES duplo parecia inadequado, abrindo caminho para o DES triplo. Como podemos

imaginar, o DES triplo é o DES três vezes. Existe em dois sabores: um que utiliza três chaves e outro que utiliza duas chaves. Vamos estudar o DES triplo com duas chaves.
a. DES triplo com duas chaves: O DES triplo com três chaves é altamente seguro. Mas também tem o inconveniente de exigir 56*3=168 bits para a chave, o que pode ser um pouco difícil de ter em situações práticas. Uma solução alternativa sugerida por Tuchman usa apenas duas chaves para o Triple DES. Aqui o algoritmo funciona da seguinte forma:

1. Encriptar o texto simples com a chave K1. Assim, temos Ek1 (P).

2. Desencriptar o resultado do passo 1 acima com a chave K2. Assim, temos Dk2 (Ek1 (P)).

3. Finalmente, encriptar novamente o resultado do passo 2 com a chave K1. Assim, temos Ek1 (Dk2 (Ek1 (P))).

Para decifrar o texto cifrado C e obter o texto simples original P, é necessário efetuar a operação P=Dk1 (Ek2 (Dk1 (C))).

Não existe qualquer significado especial associado ao segundo passo da desencriptação. O seu único significado é o facto de permitir que o Triple DES funcione com duas, em vez de três chaves. Este modo é também designado por modo Encrypt-Decrypt-Encrypt (EDE). O Triple DES com duas chaves não é suscetível de sofrer um ataque "meet in the middle", ao contrário do Double DES, uma vez que K1 e K2 se alternam aqui.

1.3.2.2 Algoritmo de hash seguro (SHA)

O instituto nacional de normas e tecnologia, juntamente com a NSA, processou o algoritmo de hash seguro. Em 1993, o SHA foi publicado como norma federal de processamento da informação. O SHA é uma versão modificada do MD5 e a sua conceção assemelha-se muito ao MD5.

O SHA funciona com qualquer mensagem de entrada que tenha menos de 2^64 bits de comprimento. O resultado do SHA é um resumo da mensagem com 160 bits de comprimento (mais 32 bits do que o resumo da mensagem produzido pelo MD5) [19]. A palavra seguro em SHA foi decidida com base em duas caraterísticas. O SHA foi concebido para ser computacionalmente inviável para: a. obter a mensagem original, dado o seu resumo de mensagem e b. encontrar duas mensagens que produzam o mesmo resumo de mensagem

O funcionamento do SHA é apresentado da seguinte forma: O SHA assemelha-se muito ao MD5, pelo que o seu funcionamento é praticamente o mesmo.

Passo 1. Preenchimento - Neste passo, adicionamos um preenchimento ao final da mensagem original de forma a que o comprimento da mensagem seja 64 bits inferior a um múltiplo de 512. Como no MD5, o preenchimento é sempre adicionado, mesmo que a mensagem já tenha 64 bits a menos que um múltiplo de 512.

Passo 2. Comprimento do anexo - O comprimento da mensagem, excluindo o comprimento do preenchimento, é agora calculado e anexado ao final do preenchimento como um bloco de 64 bits.

Passo 3. Dividir a entrada em blocos de 512 bits - A mensagem de entrada é agora dividida em blocos, cada um com 512 bits de comprimento. Estes blocos tornam-se a entrada para a lógica de processamento da mensagem digerida.

Passo 4. Inicializar variáveis de encadeamento - Agora, cinco variáveis de encadeamento de A a E são inicializadas. Lembre-se que tínhamos quatro variáveis de encadeamento, cada uma com 32 bits no MD5. Lembre-se de que armazenámos os resultados intermédios e finais no registo combinado constituído por estas quatro variáveis de encadeamento, ou seja, abcd. Uma vez que, no caso da SHA, queremos produzir um resumo de mensagem de 160 bits de comprimento, precisamos de ter cinco variáveis de encadeamento aqui. Em SHA, as variáveis de A a D têm os mesmos valores que tinham em MD5. Além disso, E é inicializado como Hex C3 D2 El F0.

Passo 5. Processar blocos - Agora começa o algoritmo propriamente dito. Também aqui, os passos são bastante semelhantes aos do MD5.

Passo 1. Copiar as variáveis de encadeamento A-E para as variáveis a-e. A combinação de a-e, designada por abcde, será considerada como um único registo para armazenar os resultados intermédios temporários, bem como os resultados finais.

Passo 2. Agora, divida o atual bloco de 512 bits em 16 sub-blocos, cada um com 32 bits.

Passo 3. O SHA tem quatro rondas, sendo cada ronda constituída por 20 passos. Cada ronda recebe o bloco de 512 bits atual, o registo abcde e uma constante K[t] como três entradas. De seguida, 16

actualiza o conteúdo do registo abcde utilizando os passos do algoritmo SHA. Também digno de nota é o facto de termos 64 constantes definidas como t no MD5.

Passo 4. O SHA consiste em quatro rondas, cada uma com 20 iterações. Isto perfaz um total de 80 iterações. A operação lógica de uma única iteração SHA parece: Matematicamente, a iteração consiste nas seguintes operações:

Abcde= (e+ processo P+ s^5 (a) + W[t] + K[t]), a, s^30 (b), c , d

Onde,

Abcde= o registo composto por cinco variáveis a, b, c, d, e

Processo P= a operação lógica

S^t = deslocamento circular à esquerda do sub-bloco de 32 bits por t bits

W[t] = Um bloco de 32 bits derivado do bloco de 32 bits atual

K[t] = uma das cinco constantes aditivas

1.3.3Autenticação segura do vizinho

Um protocolo que merece especial atenção do ponto de vista da segurança é o da descoberta de vizinhos (ND). Um dos requisitos mais básicos de uma RSSF é a capacidade de cada nó determinar de forma fiável quais os outros nós que se encontram dentro do seu alcance de rádio, de modo a poder estabelecer com eles ligações de comunicação de salto único. A descoberta de vizinhos fiáveis é essencial para garantir a segurança dos protocolos de rede de nível superior e das funcionalidades do sistema, como o controlo do acesso físico e à rede, a localização dos nós e o encaminhamento de dados [13]. Na autenticação segura de vizinhos, cada nó móvel estabelece um vizinho autenticado no caminho da rede. Cada nó móvel, digamos (*X*), transmite o seu pacote de identidade< *SNAuth-HELLO, X*> para o seu nó vizinho na rede.

No nó secreto partilhado por pares Y, um recetor vizinho da difusão de identidade inicia um aperto de mão de desafio-resposta de 3 vias para autenticar X, o emissor da difusão de identidade.

a. Suponhamos que os nós X e Y partilham um segredo partilhado k. Agora o nó Y seleciona um nonce aleatório n1, encripta n1 com k, envia o resultado encriptado *ENCk (n1)* para X através de uma mensagem <*CHALLENGE, Y, ENCk (n1)*>.

b. Se o recetor da mensagem de desafio enviada pelo remetente Y for de facto o nó X, então pode desencriptar *ENCk (n1)* e ver n1. Em seguida, o nó X seleciona outro nonce aleatório n2, encripta *ENCk (n1 XOR n2)* e envia <*RESPONSE1, X, n2, ENCk (n1 XOR n2)*> como resposta ao nó desafiador Y.

c. Quando o nó Y recebe a resposta, decifra *ENCk (n1 XOR n2)* e obtém n1 XOR n2. Se o nó Y conseguir obter o mesmo resultado da *XORing* n2 na resposta e o seu próprio desafio n1, então o nó X passa o teste com sucesso. Caso contrário, o nó Y não envia qualquer pacote para o nó X e não recebe pacotes do nó X, exceto os pacotes de resposta, até que uma <RESPONSE1> 17

o pacote do nó X pode passar no teste.

d. Depois de detetar um sucesso, o nó Y coloca o nó X na sua lista de vizinhos seguros e a resposta de confirmação é enviada de volta para o nó X da seguinte forma

Y -> nonce aleatório n3 e envia uma resposta de confirmação <*RESPONSE2, Y, n3, ENCk (n1 XOR n2 XOR n3)*> *a X.*

e. Ao receber a mensagem RESPONSE2 do nó Y, o nó X desencripta *ENCk (n1 XOR n2 XOR n3)* e recupera *n1 XOR n2 XOR n3.* Se esta mensagem de resposta coincidir com o resultado da descodificação XOR de n1 que é previamente descodificado com os seus próprios n2 e n3 no pacote RESPONSE2, então o nó X insere o nó Y na sua lista de vizinhos seguros. Desta forma, o protocolo desafio-resposta termina [6].

Os nós inserem-se na lista de nós vizinhos uns dos outros e depois tornam-se autenticados para comunicarem entre si. O comprimento do nonce é definido como 128 bits. A autenticação segura de vizinhos é uma necessidade essencial para outros serviços avançados de segurança de rede. No roteamento seguro, os nós remetentes encaminham pacotes apenas para os nós que são detectados pelo SNAuth. Os pacotes de outros nós não detectados pelo SNAuth são descartados permanentemente. Desta forma, os pacotes provenientes de nós não autenticados ficam limitados à sua vizinhança imediata.

1.3.4Modelo de certificado

O modelo de certificado é implementado para efeitos de autenticação, autorização e controlo de acesso. Os sistemas de assinatura digital baseiam-se em sistemas criptográficos de chave pública, uma assinatura assinada pela chave privada *SpK* pode ser verificada pela chave pública correspondente *PK* e, por conseguinte, a assinatura não pode ser verificada ou utilizada por outras pessoas que não conheçam a chave de assinatura *SpK.*

Numa rede sem fios segura, cada nó deve ser capaz de se autenticar perante o seu nó vizinho (membro) numa rede. Para o efeito, cada membro da rede deve adquirir uma credencial assinada pela autoridade de certificação (CA) antes de iniciar as operações de rede. A credencial é um certificado assinado pela chave privada *SpKCA* da CA e pode ser verificada pela conhecida chave pública *PKCA*, que se presume estar armazenada na memória local de cada membro da rede.

O certificado *CERTx* obtido por um membro da rede tem a forma de *[X,*pkX*, validtime]* assinado pela *SpKCA*, em que a identificação única X é atribuída a um nó, pkX é a chave pública certificada da identificação X e o tempo válido limita o período de validade do certificado. Se alguns nós tiverem várias interfaces, esse nó deve obter certificados diferentes para as diferentes interfaces da rede.

Esta modelação de certificados é utilizada para serviços de autenticação na rede. Neste caso, a AC utiliza o algoritmo RSA para a geração de certificados. Os algoritmos de chave pública, como o RSA, são computacionalmente intensivos e normalmente executam milhares ou mesmo milhões de instruções de multiplicação para efetuar uma única operação de segurança [34]. São necessários 18

mais espaço de armazenamento e consome mais energia e tempo para o seu processamento [19].

1.3.4.1 Criptografia de chave assimétrica

A criptografia de chave pública utiliza duas chaves diferentes. Uma chave é utilizada para a encriptação e a outra chave correspondente deve ser utilizada para a desencriptação. As outras chaves não podem decifrar a mensagem, nem mesmo a chave original utilizada para a encriptação. A velocidade de cifragem e decifragem é lenta em comparação com a criptografia de chave simétrica. O tamanho do texto cifrado resultante é superior ao tamanho do texto claro original. O problema do acordo/troca de chaves, como na criptografia de chave simétrica, é resolvido na criptografia de chave pública. Também pode ser utilizada para assinaturas digitais.

1.1 .4.1.1 Algoritmo RSA

O algoritmo RSA é o algoritmo criptográfico de chave assimétrica mais popular e comprovado. Neste, os números primos são a base do algoritmo RSA. Um número primo é aquele que é divisível apenas por 1 e por si próprio. Por exemplo, 3 é um número primo porque só pode ser dividido por 1 ou 3. No entanto, 4 não é um número primo, porque para além de 1 e 4, pode ser dividido por 2.

O algoritmo RSA baseia-se no facto matemático de que é fácil encontrar e multiplicar grandes números primos, mas o seu produto não pode ser encontrado ou calculado facilmente. As chaves privadas e públicas utilizadas no algoritmo RSA baseiam-se em números primos muito grandes. O algoritmo RSA é bastante simples. No entanto, a tarefa mais difícil no caso do RSA é a seleção e geração de chaves públicas e privadas [19].

A geração das chaves pública e privada e a forma como a cifragem e a decifragem são efectuadas no RSA são apresentadas a seguir:

1. Escolha dois números primos grandes P e Q.

2. Calcular N = P * Q.

3. Selecionar a chave pública E de modo a que não seja um fator de (P-1) e (Q-1).

4. Selecione a chave privada para a desencriptação D de modo a que a seguinte equação seja verdadeira:

(D * E) mod (P-1) * (Q-1) = 1

5. Para a cifragem, calcular o texto cifrado CT a partir do texto simples PT da seguinte forma:

CT = PT^E mod N

6. Enviar CT como texto cifrado para o recetor.

7. Para a desencriptação, calcular o texto simples PT a partir do texto cifrado CT da seguinte forma:

PT = CT^D mod N

1.4 . Protocolo de encaminhamento

A natureza das redes ad hoc móveis torna a modelação por simulação uma ferramenta inestimável para compreender a evolução destas redes. Nas redes ad hoc, vários protocolos de encaminhamento foram propostos e concebidos nos últimos anos para encontrar rotas eficientes de uma fonte para um destino. Para autorizar uma transmissão de dados entre dois nós, geralmente são necessários vários saltos devido ao alcance limitado da transmissão de dados. A mobilidade dos vários nós torna a situação ainda mais complexa. Os protocolos a utilizar nas redes de sensores sem fios devem ter as seguintes caraterísticas

-O protocolo deve familiarizar-se rapidamente com as mudanças de topologia.

-O protocolo deve manter o encaminhamento livre de loops.

-O protocolo deve manter várias rotas da origem ao destino, o que permitirá ultrapassar o problema do congestionamento.

-O protocolo deve ter uma sobrecarga mínima de mensagens de controlo devido à troca de informações de encaminhamento sempre que houver alterações na topologia.

-O protocolo deve permitir o estabelecimento instantâneo de rotas, para que estas possam ser utilizadas antes de se tornarem inválidas.

1.4.1Vetor de distância Ad-Hoc a pedido (AODV)

O AODV é um protocolo de encaminhamento reativo que funciona a pedido para encontrar rotas. No AODV, a fonte e os nós intermédios armazenam a informação do próximo salto relacionada com cada fluxo para a propagação do pacote de dados. Para otimizar uma rota eficiente para o nó de destino, o nó de origem difunde pacotes de pedido de rota na rede. Os pacotes de pedido de rota estabelecem entradas de rota temporárias para o caminho inverso através de cada nó que passa na rede. Quando os pacotes chegam ao destino, é enviada uma resposta de rota pelo mesmo caminho em que o pedido de rota foi recebido. Para a manutenção da rota, cada entrada da tabela de encaminhamento gere um tempo de expiração da rota, que indica o tempo durante o qual a rota é válida. Sempre que essa rota é utilizada para transmitir um pacote de dados, o seu tempo de expiração é renovado para ser a hora atual mais o tempo limite da rota ativa. A entrada na tabela de encaminhamento é revogada se não for utilizada dentro desse tempo de expiração. O AODV utiliza uma lista de nós vizinhos em funcionamento para cada entrada de encaminhamento, a fim de manter um registo dos vizinhos que estão a utilizar a entrada para encaminhar os pacotes de dados. Estes nós são revelados com pacotes de erro de rota quando a ligação ao próximo salto é danificada. Cada um desses nós vizinhos, por sua vez, transmite o erro de rota para a sua própria lista de vizinhos activos, revogando assim todas as rotas que utilizam a ligação danificada. A desvantagem deste protocolo é que os nós intermédios podem apontar para rotas incertas se o número de sequência da fonte for muito antigo e os nós intermédios tiverem um número de sequência de destino mais elevado, mas não o mais recente. A principal vantagem deste protocolo é o facto de as rotas serem mantidas a pedido e de os números de sequência do destino serem utilizados para encontrar a rota mais recente para o destino [33].

1.4.2. Protocolo de encaminhamento seguro (ANODR)

As redes sem fios são diferentes das outras comunicações actuais e o encaminhamento das redes ad hoc sem fios é uma tarefa muito difícil nas RSSF. Devido ao grande número de nós sensores implantados, é impraticável criar um esquema global para eles. Todas as aplicações das redes de sensores requerem o envio dos dados recolhidos a partir de vários pontos para um destino comum designado por sumidouro. É necessário gerir os recursos dos nós sensores no que respeita à potência de transmissão, ao armazenamento, à energia de bordo e à capacidade de processamento. Para efeitos de segurança, é utilizado um protocolo de encaminhamento seguro (ANODR) para o encaminhamento em RSSF. Foi concebido para fornecer um esquema de encaminhamento anónimo e indetetável centrado na rede para redes ad-hoc sem fios.

O protocolo ANODR (Anonymous On-demand Routing) foi concebido para fornecer um esquema de encaminhamento anónimo e indetetável para redes ad-hoc sem fios. Baseia-se no protocolo de encaminhamento AODV orientado por tabelas. Como noutros protocolos de encaminhamento, as rotas da rede estão abertas a todos, ou seja, os pacotes são enviados sem fios, pelo que qualquer adversário pode seguir a rota da rede e inferir o padrão dos pacotes que estão a ser comunicados entre as partes comunicantes. Isto pode constituir uma séria ameaça para a rede. Trata-se de uma limitação difícil para o encaminhamento e a transmissão de dados. O protocolo ANODR permite proteger a comunicação sem fios de ser rastreada e sem retirar a bateria do dispositivo. Os adversários não devem rastrear os pacotes de dados enviados pelo protocolo de encaminhamento seguro ANODR. Este protocolo fornece um caminho indetetável para a comunicação de dados [24]. As ameaças de ser escutado por outros são menores. O ANODR fornece os seguintes serviços de segurança:

1. Anti-rastreio baseado na negligibilidade, de modo que os interceptores de sinais não possam rastrear o padrão de mobilidade dos transmissores de sinais através do rastreio de sinais sem fios (com uma probabilidade não negligenciável definida em função da dimensão da rede vítima).

2. Confidencialidade e anonimato - O caminho percorrido pelos pacotes não deve ser rastreado por quaisquer adversários.

3. Confidencialidade do fluxo de tráfego - Oculta o conteúdo da mensagem através de encriptação.

4. Encaminhamento sem identidade - A identidade não pode ser roubada por outros.

Conteúdo único de um pacote, de modo a que duas transmissões sem fios sejam indistinguíveis uma da outra para um criptanalista.

A configuração ANODR é baseada nos parâmetros AODV. Os parâmetros ANODR utilizam a mesma terminologia que os parâmetros AODV, exceto que o nome é alterado de AODV para ANODR. Estes serviços são fornecidos na camada de rede e de ligação para proteger os protocolos IP e da camada de ligação.

Capítulo 2

PESQUISA BIBLIOGRÁFICA

Alwan e Agarwal [1] apresentaram um novo mecanismo de encaminhamento, que integra códigos FEC e um esquema de encriptação selectiva para fornecer QoS e transmissão segura de dados em RSSF. Neste trabalho proposto, a codificação RS é utilizada para proporcionar fiabilidade e segurança. O nó de afundamento decide sobre o processo de seleção dos caminhos para satisfazer os requisitos de fiabilidade ou de atraso de uma aplicação e o número desses caminhos é determinado para aumentar a fiabilidade.

Boyle e Newe [2] mencionaram vários esquemas de segurança. Concluíram que as arquitecturas baseadas na criptografia de chave simétrica têm sido, até à data, a principal fonte de segurança nas redes de sensores sem fios. Há muita investigação disponível que afirma que as soluções baseadas em chaves públicas fornecerão melhores soluções, com base em tamanhos de chaves mais pequenos e menos requisitos de armazenamento (ao abrigo do ECC), para comunicações mais seguras, proporcionando também uma eficiência energética superior. Concluíram que, numa perspetiva de autenticação, o algoritmo CBC-MAC é o método mais popular de autenticação para algoritmos baseados em chaves simétricas.

Chandra Sekhar e Sarvabhatla [3] propuseram um protocolo baseado na criptografia de chave pública para a autenticação do utilizador e o estabelecimento da chave de sessão entre um agente externo e um sensor de forma segura. Com base no conhecimento do autor, este é o primeiro protocolo do seu género que é mais seguro (sem ameaça de forjar um adversário de qualquer forma), de baixo custo, de autenticação do utilizador e protocolo de estabelecimento de chaves. O protocolo proposto é eficiente e seguro em comparação com outros protocolos baseados em chaves públicas nas RSSF.

Chaudhari e Kadam [4] resumem os ataques e as suas classificações nas redes de sensores sem fios e tentam também explorar o mecanismo de segurança amplamente utilizado para lidar com esses ataques. São abordados os esquemas de estabelecimento de chaves e de confiança, sigilo e autenticação, gestão segura de grupos e deteção de intrusões.

Dadarlat [5] examina e discute os desafios de uma estrutura de monitorização adaptativa (estrutura WSeH) com segurança reforçada e suporte de QoS para RSSFs, propondo uma arquitetura genérica e abrindo questões de investigação.

Padmavathi et al. [9] propuseram um protocolo ANODR-ECC com Telnet que proporciona segurança na camada de aplicação e garante o anonimato da rota e a privacidade da localização e é robusto contra ataques de escutas. No que respeita ao anonimato da rota, impede que adversários fortes possam seguir um fluxo de pacotes até à sua origem ou destino; no que respeita à privacidade da localização, garante que os adversários não podem descobrir as identidades reais dos transmissores locais. O modelo proposto apresentou melhores resultados nas MANET em termos de débito médio, atraso médio de extremo a extremo, rácio médio de entrega de pacotes e instabilidade média.

Hamdy Eldefrawy et al. [11] demonstraram um novo esquema de gestão de chaves tendo em conta a segurança das redes de sensores sem fios, que se baseia na moda das chaves públicas. Este sistema de acordo de chaves estabelece uma chave de sessão efémera entre nós sensores com a participação da Gateway como uma terceira parte de confiança. O esquema proposto abrange a propriedade de rechaveamento e considera a adição e a revogação de nós do ponto de vista do estabelecimento seguro de chaves. Analisámos a força de segurança da nossa proposta com muitos atributos de segurança desejáveis para deduzir o seu sucesso.

Ramaswamy Ganesh et al. [12] descreveram a segurança da RSSF em ambientes hostis que foi aumentada com a ajuda da encriptação híbrida melhorada que envolve o AES e o ECC. O processo de atualização do AES e das chaves efémeras não só reduz a necessidade de chaves longas, como também aumenta a segurança do texto cifrado. O desempenho em termos de erros de bits dos ECBSTBCs, em comparação com outros esquemas de transmissão, foi traçado.

Garcia-Otero e Poblacion-Hemandez [13] apresentaram um modelo minimalista para um ataque wormhole a uma RSSF que pode ser eficazmente contrariado por dois procedimentos de deteção diferentes, baseados nas ideias subjacentes aos métodos de localização sem alcance baseados em RSS. O primeiro (DWARFLoc) opera simultaneamente com o procedimento de localização, e o segundo (DWARF Test) é um detetor pós-localização que tenta validar a posteriori a posição estimada do nó. As simulações sugerem que o DWARF Test tem um desempenho de deteção muito melhor do que o DWARFLoc, mas requer a realização de mais transmissões.

Granjal et al. [14] descrevem e avaliam a utilização de novos cabeçalhos de segurança 6lowpan comprimidos, juntamente com os algoritmos criptográficos tipicamente utilizados na arquitetura de segurança IP. Os mecanismos de segurança concebidos para a camada de rede podem ter o potencial de se adaptarem aos requisitos de diferentes aplicações de RSSF, ao mesmo tempo que fornecem garantias fundamentais de segurança independentemente das aplicações executadas nos nós sensores.

Granjal et al. [15] propuseram na sua investigação a forma de garantir a integração. O objetivo da investigação é controlar a energia gasta com operações de segurança nos nós sensores, ao mesmo tempo que se consegue uma forte segurança de extremo a extremo na camada de rede.

Jemai et al. [16] apresentaram o BROSK (BROadcast Session Key), um esquema de pré-distribuição. Simularam-no com um simulador de redes de sensores sem fios (WSNet) e testaram as suas reacções em diferentes condições. Os resultados dos testes mostram que uma das caraterísticas do BROSK é a sua dependência do tamanho da rede e do valor do alcance que representa o âmbito de transmissão de um nó.

Karunakaran e Venkatesh [20] propuseram um esquema de gestão de chaves que apenas estabelece chaves partilhadas com os seus vizinhos comunicantes e um mecanismo para gerar rotas multipercurso aleatórias para a transmissão segura de dados para o sumidouro. Adoptando redes de sensores heterogéneas e utilizando criptografia de curva elíptica para uma gestão de chaves eficiente, que é mais eficiente, escalável e altamente segura e reduz a sobrecarga de comunicação. As rotas geradas são altamente dispersivas, energeticamente eficientes e permitem contornar os back holes a baixo custo energético.

Kavitha e Sridharan [21] resumem os ataques típicos às redes de sensores e fazem um levantamento da literatura sobre várias questões de segurança importantes para as redes de sensores, incluindo a gestão de chaves, a sincronização segura do tempo, a descoberta segura da localização, etc. As RSSF ainda estão em desenvolvimento e muitos dos protocolos concebidos até à data para as RSSF não tiveram em consideração a segurança.

Kesavan e krishnan [22] descreveram uma abordagem que utiliza uma função hash unidirecional para gerar dinamicamente as chaves, o que evita a transmissão de chaves durante o tempo de execução. Para minimizar a sobrecarga de memória, introduziram agrupamentos entre os nós da rede que mantêm diferentes conjuntos de chaves. Esta abordagem identifica os ataques, como o ataque de repetição, o ataque Sybil e o ataque DoS. Para analisar o mecanismo, são utilizados parâmetros como a disponibilidade da rede, a entrega de pacotes e a energia da rede em caso de ataques de repetição e de DoS.

Khurri et al. [23] propuseram o protocolo de identidade do anfitrião (Host Identity Protocol) para reforçar a segurança das redes de sensores sem fios. Para aumentar a eficiência computacional e energética do HIP em aplicações específicas de RSSF, sugeriram alternativas leves aos seus dispendiosos componentes PKC sob a forma de ECC, um estabelecimento de chaves baseado em polinómios e certificados leves baseados em funções hash unidireccionais.

Zhang e Wang [25] propõem um novo esquema de gestão de chaves de grupo com um método de autenticação simples baseado em hash, que desenvolve o esquema de pré-distribuição aleatória de chaves aos pares. Com a conceção de agrupamento e a autenticação da identidade dos nós, este esquema melhora a conetividade de segurança e suporta redes de maior escala. Ao mesmo tempo, o esquema reduz a sobrecarga de memória do nó.

Iwendi e Allen [26] propuseram uma nova técnica de segurança para redes de sensores sem fios que fornece um mecanismo eficiente em termos energéticos, utilizando modelos de gestão de chaves de pré-atribuição e rechaveamento com um algoritmo de rotina seguro. Descreveram que, independentemente das restrições de recursos nas RSSF, ainda é possível ter um esquema de segurança de RSSF que mantenha a recolha de dados eficiente em termos energéticos e a proteção total da segurança, tendo em conta a tecnicidade da utilização da técnica de confidencialidade, integridade e disponibilidade para atuar na deteção de anomalias na rede e também para a futura aplicação de nós móveis de RSSF implantáveis em qualquer ambiente.

Salam et al. [27] centraram-se em vários esquemas de pré-distribuição de chaves e nos seus potenciais problemas para implementar as soluções actuais em redes de sensores sem fios. Propõem um esquema de pré-distribuição de chaves que explora a criptografia de chave pública para estabelecer um acordo de chaves seguro entre nós comunicantes numa rede de sensores. A avaliação do esquema proposto mostra que o desempenho (por exemplo, utilização de memória, consumo de recursos, resiliência contra a captura de nós, resistência contra a replicação de nós, escalabilidade) das RSSF pode ser substancialmente melhorado, ao mesmo tempo que se atinge um nível de segurança suficiente.

Norman e Joseph [28] descreveram a defesa contra alguns ataques em RSSF introduzindo a autenticação de vizinhos no encaminhamento usando chaves secretas partilhadas entre os nós sensores. Neste trabalho, adoptaram a versão básica do protocolo HB+A para RSSF com recursos limitados. O principal objetivo da sua abordagem era escolher um vizinho de confiança para comunicações multihop. O protocolo tem uma contagem de utilização destes nós igual a zero, enquanto no HLAODV, no AODV e no DSR a contagem de utilização é positiva. Este facto indica claramente a eficiência do protocolo. Além disso, devido às limitações de recursos, o protocolo poupa bastante bem a energia.

Qian [29] apresenta um plano de gestão de chaves de paridade para redes de sensores sem fios, em que alguns nós sensores danificados apenas afectam a parte não comprometida do nó sensor e a função hash unidirecional, este esquema pode fazer com que o atacante obtenha informações menos críticas do nó sensor danificado. O autor efectuou um estudo sobre a conetividade. Conclui que este método não afecta a ligação entre nós sensores vizinhos.

kumar e Gnana Dhass [30] apresentaram vários esquemas eficazes baseados em chaves para conseguir a autenticação imediata de difusão. Para minimizar a sobrecarga do esquema no que respeita aos custos de computação e de comunicação, foram adoptados vários esquemas, como a árvore de hash e os esquemas de assinatura baseados na identidade. No esquema proposto, a análise quantitativa do consumo de energia é também apresentada em pormenor.

Ramannavar e M. Jagtap [31] mencionaram o conceito de AVCA, uma autoridade de certificação virtual, que resolveu a questão da confiança inicial através da assinatura estruturada de certificados, que são implantados em dispositivos antes da implantação, juntamente com o suporte para autenticação de nós e um mecanismo de distribuição de chaves privadas. Também melhora muitos objectivos de conceção das RSSF.

Raza et al. [32] descreveram a especificação do IPsec para 6LoWPAN. Além disso, apresentámos uma implementação do IPsec para 6LowPAN e demonstrámos que é possível e viável utilizar este mecanismo para proteger a comunicação entre nós sensores e anfitriões na Internet.

Sen [34] mencionou alguns desafios das wsn, como a seleção dos métodos criptográficos adequados, que depende da capacidade de processamento dos nós sensores, indicando que não existe uma solução unificada para todas as redes de sensores. Em vez disso, os mecanismos de segurança são muito específicos para cada aplicação. Em segundo lugar, os sensores caracterizam-se por restrições em termos de energia, capacidade de computação, memória e largura de banda de comunicação. A conceção de serviços de segurança nas RSSF tem de satisfazer estes condicionalismos.

Shaik e Setty [35] descrevem o desempenho do AODV, do DSR e do ANODR no modelo de colocação em grelha para diferentes dimensões de rede, utilizando o simulador QualNet5.0.2. É estudada a importância do tamanho da rede para o desempenho dos protocolos AODV, DSR e ANODR. Concluem que, com tamanhos de rede menores, todos os protocolos de colocação em grelha apresentam resultados encorajadores. O DSR apresenta uma taxa de transferência e um rácio de entrega de pacotes mais elevados para todas as dimensões da rede, enquanto o ANODR apresenta uma menor instabilidade média e um atraso de ponta a ponta.

Shokri et al. [36] conceberam um protocolo de verificação de vizinhança prático e seguro para redes de sensores sem fios (RSSF) com restrições. O nosso esquema baseia-se na distância estimada entre nós e em testes geométricos simples, e é totalmente distribuído. Provamos que o nosso protocolo é seguro contra o clássico ataque de wormhole de 2 pontas.

Shyamala e Valli [37] investigam a forma de tornar segura a descoberta de rotas do protocolo Multicast Ad-hoc on Demand Distance Vetor (MAODV) para RSSFs. Propõem uma descoberta segura de rotas do MAODV baseada em TESLA e numa função de hash unidirecional. Aplicam o MAODV seguro, que tem um impacto negligenciável no desempenho do MAODV durante o funcionamento normal do protocolo.

Loong Yang et al. [38] apresentaram o esquema de acordo de chaves que é implementado no esquema de Blom modificado usando chaves múltiplas que, embora mantendo as vantagens do esquema básico, o melhora para o tornar muito atrativo para utilização em RSSF. Este esquema permite obter chaves de grande dimensão, é rápido e requer poucos recursos energéticos e computacionais. O esquema foi implementado num mote MICAz e os resultados mostraram que é muito vantajoso em comparação com outros esquemas PKC em termos de velocidade, energia e requisitos de armazenamento RAM. A rede é totalmente segura se o número de nós comprometidos não exceder o limiar de captura.

Zhang [39] apresentou uma infraestrutura de chave pública para redes de sensores sem fios. O esquema tenta resolver o problema da segurança nas RSSF através da utilização de criptografia de chave pública como ferramenta para garantir a autenticidade da estação de base. O RSA é composto por duas fases: a primeira é o aperto de mão entre o sensor e a estação de base, em que a estação de base e um determinado nó sensor estabelecem uma chave de sessão para proteger a ligação de extremo a extremo entre eles; este aperto de mão é protegido e autenticado utilizando a chave pública da estação de base. A segunda fase consiste na utilização desta chave de sessão para encriptação dos dados, a fim de garantir a confidencialidade e a integridade dos dados trocados, utilizando o MAC associado a cada pacote. Trata-se de um esquema energeticamente eficiente.

Yick et al. [40] analisaram três categorias diferentes de RSSF: (1) plataforma interna e sistema operativo subjacente, (2) pilha de protocolos de comunicação e (3) serviços de rede, aprovisionamento e questões de implementação. Resumiram e compararam diferentes projectos, algoritmos, protocolos e serviços propostos. Além disso, destacaram possíveis melhorias e investigação em cada área da rede de sensores sem fios. Ainda há muitas questões a resolver em torno das aplicações das RSSF, como as arquitecturas de comunicação, a segurança e a gestão. A resolução destas questões permite colmatar o fosso entre a tecnologia e a aplicação.

Capítulo 3

3. TRABALHO ACTUAL

3.1 Formulação do problema

As redes de sensores sem fios são vulneráveis a diferentes tipos de ataques porque são implantadas em ambiente aberto. A rede de sensores sem fios é uma tecnologia em evolução e em expansão e tem um grande alcance no acesso a áreas remotas na floresta, militares como a vigilância do campo de batalha, monitorização e controlo da industrialização, etc.

A rede de sensores sem fios tem restrições limitadas, como a memória, o armazenamento e as capacidades do processador, juntamente com limitações rigorosas de energia e vulnerabilidade a diferentes ataques, pelo que são aplicados diferentes esquemas de segurança para tornar o ambiente seguro. Os esquemas criptográficos aumentam o nível de segurança e tornam-na segura contra diferentes ataques.

A adição de medidas de segurança às redes de sensores tem um impacto significativo no QOS da rede. Os esquemas criptográficos de chave assimétrica requerem um grande espaço de armazenamento, capacidades de processamento, consumo de energia e chaves de grande dimensão para o processo de cifragem/desencriptação, o que torna inviável a sua utilização em redes de sensores sem fios e também degrada a QOS da rede. Os algoritmos utilizados nos esquemas de chave assimétrica demoram mais tempo a processar. Por outro lado, as técnicas criptográficas de chave simétrica têm vantagens em relação aos esquemas de chave assimétrica, uma vez que requerem chaves de pequena dimensão para a cifragem/descifragem, menos espaço de armazenamento e menos energia, o que as torna eficazes para as redes de sensores sem fios e também aumenta a qualidade do serviço da rede.

No trabalho de tese, são estudados os esquemas criptográficos de chave simétrica e assimétrica e o seu desempenho é avaliado com base em métricas como o débito, o atraso e o consumo de energia. Estas métricas são importantes para analisar o QOS da rede.

3.2 Objectivos

1. Desenvolver e implementar uma rede de sensores sem fios utilizando o simulador QualNet.

2. Implementar os esquemas criptográficos de chave assimétrica e simétrica em redes de sensores sem fios.

3. Implementar protocolos de encaminhamento seguros, ou seja, o encaminhamento anónimo a pedido (ANODR).

4. Estudo analítico da implementação de vários esquemas criptográficos em redes de

sensores sem fios com base no QOS e variando o número de nós.

3.3 Qualidade de serviço das redes de sensores sem fios

É definida como a capacidade de um elemento da rede, como um nó, de fornecer um certo nível de garantia para uma entrega de dados condicionada. Trata-se de um conjunto de requisitos de serviço a satisfazer pela rede durante o transporte de um fluxo de pacotes do nó de origem para o destino. Devido à natureza dinâmica, à disponibilidade limitada de recursos e à insegurança do meio de transmissão, é necessário manter a qualidade do serviço na rede de sensores sem fios.

3.3.1Desafios da QoS

As redes de sensores sem fios herdam a maioria dos desafios de QoS bem conhecidos das redes sem fios tradicionais, como a segurança, o canal de transmissão inseguro e as ligações não fiáveis. No entanto, as caraterísticas típicas das RSSF, como as graves limitações de recursos e as condições ambientais adversas, colocam desafios adicionais únicos para o suporte da QoS. Estes desafios de QoS para as RSSF são explicados na presente secção:

3.3.1.1.Segurança: A segurança é o principal desafio das redes de sensores sem fios. Uma vez que as redes de sensores sem fios têm recursos limitados, o aumento da segurança nas redes de sensores sem fios deve afetar a qualidade do serviço da rede. Os esquemas baseados na criptografia tornam as RSSF seguras contra ataques, mas reduzem a sua QoS. Os esquemas criptográficos, nomeadamente os esquemas baseados em chaves assimétricas e simétricas, são utilizados para fins de segurança. Os esquemas de chave assimétrica são inviáveis para as redes de sensores sem fios porque exigem um grande espaço de armazenamento, muito tempo para o processamento de grandes algoritmos e chaves de grande dimensão para a encriptação/desencriptação de dados nas RSSF. Por outro lado, os esquemas baseados em chaves simétricas requerem menos tempo de processamento, menos espaço de armazenamento e chaves de pequena dimensão para a cifragem e a decifragem dos dados, o que os torna viáveis para tornar segura a rede de sensores sem fios e têm também menos impacto na qualidade do serviço da rede de sensores sem fios.

3.3.1.2.Mobilidade dos nós sensores: Nas redes de sensores sem fios, assume-se geralmente que os nós sensores são estáticos. No entanto, algumas aplicações recentes das RSSF, como os cuidados médicos e a resposta a catástrofes, utilizam nós sensores móveis e a mobilidade coloca outro conjunto de desafios únicos a enfrentar, que incluem a gestão da topologia, o encaminhamento e a gestão da energia. Uma vez que a vizinhança de um nó muda frequentemente devido à mobilidade, a topologia e a densidade espacial da rede também mudam frequentemente. Assim, o fornecimento de QoS em redes de sensores móveis torna-se uma tarefa mais difícil, uma vez que os métodos previstos têm de lidar com a conetividade e a densidade altamente dinâmicas dos nós. São destacados os desafios relacionados com as RSSF. Estes desafios dificultam o fornecimento de garantias determinísticas de QoS, como limites estritos de atrasos de pacotes, largura de banda garantida ou perdas de pacotes nas RSSF.

3.3.1.3.Restrições de recursos: As RSSF carecem de largura de banda, memória, energia e capacidade de processamento. No entanto, a limitação de energia é a mais crucial, uma vez que, em muitos casos, é impossível substituir ou recarregar as baterias dos nós sensores. Embora a recolha de energia através da energia solar pareça ser uma solução promissora para a escassez de energia, os actuais painéis solares são ainda demasiado grandes para dispositivos sensores minúsculos. Eventualmente, os mecanismos de apoio à QoS propostos devem ser leves e simples para poderem funcionar num nó sensor com recursos altamente limitados.

3.3.1.4.Implantação dos nós: A implantação dos nós sensores pode ser uniforme ou aleatória. Numa implantação determinística, os nós sensores são colocados à mão e o encaminhamento pode ser efectuado através de caminhos previamente programados. Numa implantação aleatória, os nós sensores são colocados aleatoriamente e organizam-se de forma ad hoc. Assim, a descoberta de vizinhos, a descoberta de trajectos, a informação geográfica dos nós e o agrupamento são os principais problemas a resolver.

3.3.1.5.Alterações de topologia: A mobilidade dos nós, as falhas de ligação, o mau funcionamento dos nós, o esgotamento de energia ou eventos naturais como inundações ou incêndios podem causar alterações na topologia. Além disso, a maior parte dos protocolos da camada de ligação ou da camada MAC utilizam horários de escuta e desligam temporariamente o rádio dos nós sensores para poupar energia. Este tipo de mecanismos de gestão da energia também provoca alterações frequentes da topologia. Inevitavelmente, a natureza dinâmica da topologia das RSSF introduz um desafio adicional para o suporte da QoS.

3.3.1.6.Escalabilidade: A maioria das RSSF é composta por centenas ou milhares de nós sensores. medida que a área de requisitos para a qualidade da observação aumenta, é necessário implantar mais nós sensores. Por conseguinte, o mecanismo de QoS concebido tem de ser bem dimensionado para redes altamente densas ou de grande escala.

3.3.2Parâmetros QoS

Nesta secção, apresentamos os parâmetros que quantificam a QoS. As métricas gerais da perspetiva da rede são a maximização do débito, a minimização do atraso de extremo a extremo, a maximização da fiabilidade, a maximização da eficiência energética, etc. Os esquemas de segurança podem afetar a QoS da RSSF. Para obter um bom desempenho em termos de segurança nos nós sensores móveis, é necessário selecionar esquemas de segurança eficientes, tendo em conta as limitações da rede de sensores sem fios.

O rendimento da rede móvel de sensores sem fios é maximizado quando o número de pacotes recebidos no nó recetor é quase igual ao número total de pacotes enviados pelos nós emissores. Os esquemas criptográficos de chave assimétrica têm pacotes de grandes dimensões e também requerem mais espaço de armazenamento, pelo que, ao mudar a topologia da RSSF com a mobilidade activada nos nós sensores, a ligação entre os nós falha devido a uma transmissão sem fios pouco fiável, o que faz com que os pacotes sejam descartados e não cheguem ao destino, resultando na degradação do débito da rede.

Para minimizar o atraso de ponta a ponta entre as fontes dos sensores e o nó de descarga, o desempenho da camada de encaminhamento também deve ser tido em conta. Teoricamente, os 30

Os esquemas criptográficos de chave assimétrica exigem mais espaço de armazenamento e tempo para o seu processamento, o que resulta num maior atraso de extremo a extremo em comparação com os esquemas baseados em chave simétrica. Como as dimensões das chaves dos sistemas criptográficos de chave assimétrica são grandes para encriptar/desencriptar o texto simples em texto cifrado, o tempo de processamento é maior.

A eficiência energética continua a ser o requisito mais importante nas RSSF, devido ao funcionamento limitado dos dispositivos sensores em termos de bateria. A camada MAC pode contribuir para a eficiência energética minimizando as colisões e as retransmissões. Os esquemas de chave assimétrica requerem mais energia devido à grande dimensão dos pacotes de dados, em comparação com os esquemas criptográficos baseados em chave simétrica. O funcionamento sem fios consome a maior parte da energia e o rádio deve ser mantido desligado sempre que não for necessário. As RSSF são caracterizadas pelo seu comportamento dinâmico. Os nós podem esgotar a sua bateria e desligar-se da rede, podem ser acrescentados novos nós à rede, as ligações entre nós podem mudar com o tempo devido a condições ambientais ou alterações topológicas, as condições de tráfego podem mudar em função dos fenómenos monitorizados.

3.4 Implementação de esquemas criptográficos

Na implementação de diferentes esquemas criptográficos, os esquemas criptográficos de chave assimétrica e de chave simétrica utilizam algoritmos diferentes. Estes algoritmos têm as suas próprias especificações. Os esquemas criptográficos de chave assimétrica, como o modelo de vizinho seguro e o modelo de certificado, utilizam uma grande chave para o processo de cifragem e decifragem. O esquema de modelo de certificado baseado no algoritmo RSA utiliza uma chave de 1024 bits para a geração do certificado. Para a autenticação, utiliza o algoritmo HMAC-SHA-1. Os esquemas criptográficos de chave simétrica utilizam uma chave de pequena dimensão para o processo de cifragem e decifragem. O esquema de segurança IP baseia-se nos algoritmos DES-CBC. Utiliza 56 bits de tamanho de chave e 64 bits de bloco. Para autenticação e segurança, utiliza o algoritmo HMAC-MD5. O esquema ISAKMP baseia-se no algoritmo 3DES-CBC. Utiliza um tamanho de chave de 112 bits. Para efeitos de segurança e autenticação, utiliza o algoritmo HMAC-SHA-1.

3.4.1 Configuração da simulação

A ferramenta QualNet 4.5.1 Network Simulator é utilizada para avaliar o desempenho de diferentes esquemas criptográficos em redes de sensores sem fios. No cenário de simulação, os nós são colocados aleatoriamente num terreno de 1000*1000m. O CBR é utilizado como aplicação de tráfego de dados com várias origens e destinos. Para configurar a aplicação e para a configuração do perfil de mobilidade dos nós, são incluídos no cenário objectos de configuração da aplicação. Consiste em entidades de rede básicas como nós sensores (móveis) e coordenador PAN. O coordenador PAN utilizado é totalmente funcional e os restantes nós são dispositivos de função reduzida com restrições limitadas, como armazenamento, energia e potência. Os esquemas de segurança, como o modelo de certificado, o modelo de vizinho seguro, o IPsecurity e o ISAKMP, são implementados na rede de sensores. O efeito destes esquemas é analisado, ou seja, o desempenho é medido com base em métricas como a taxa de transferência, o atraso extremo-a-extremo, a instabilidade, o total de pacotes recebidos e o consumo de energia. O tempo de simulação é de 200 segundos. Para a simulação, os diferentes parâmetros são definidos da seguinte forma

3.4.2 Parâmetros de simulação

Tabela 3.1. Configuração dos parâmetros de simulação do simulador QualNet

Tamanho do terreno	1000*1000
Tempo de simulação	200 segundos
Camada de rádio/física	802.15.4
N.º de nós	10, 20 e 30
Protocolo de encaminhamento	AODV
Protocolo de segurança	ANODR
Esquemas de segurança	Modelo de vizinho seguro, modelo de certificado, IPSec, ISAKMP
Tipo de tráfego	RBC
Modelo de energia	Micaz
Modelo de mobilidade	Ponto de passagem aleatório
Tipo de dispositivo	Coordenador do PAN, FFD e RFD

3.4.3 Cenário de simulação

A. Conceção de esquemas criptográficos de chave assimétrica e simétrica em redes de sensores sem fios:

Os nós são colocados aleatoriamente num terreno de 1000* 1000m. A nuvem sem fios colocada no terreno está configurada para 802.15.4. Todos os nós estão ligados sem fios à nuvem da sub-rede sem fios. Os nós são móveis e movem-se aleatoriamente no terreno. O CBR é utilizado como aplicação de tráfego de dados com múltiplas origens e destinos. Em seguida, são configurados diferentes esquemas de segurança em todos os nós e a simulação é efectuada para a escalabilidade dos nós, ou seja, 10, 20 e 30 nós.

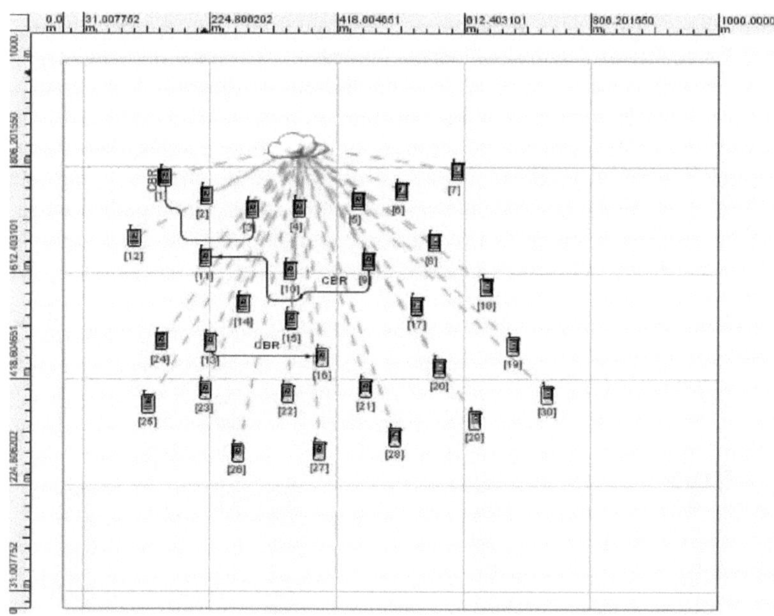

Figura 3.1. Conceção do cenário

B. Cenário de simulação 3D de uma rede de sensores sem fios no simulador QualNet

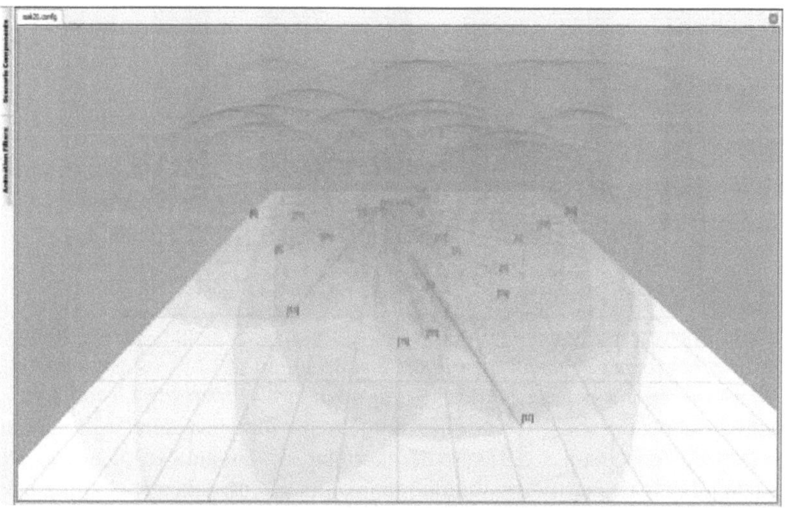

Figura3.2 Cenário de simulação 3D

Capítulo 4

RESULTADOS E DISCUSSÃO

Este capítulo avalia os diferentes esquemas criptográficos de chave assimétrica e simétrica em redes de sensores sem fios. Depois de descrever a nossa implementação e a configuração da simulação, avalio o impacto de diferentes esquemas de segurança, como o IPSec, o ISAKMP, o modelo de vizinho seguro, o modelo de certificado e o ANODR, nos parâmetros de qualidade de serviço, como o débito, o atraso de extremo a extremo, o jitter, o total de pacotes recebidos e o consumo de energia da rede de sensores sem fios, variando o número de nós na rede, ou seja, a escalabilidade dos nós. Os esquemas de segurança criptográfica tiveram impacto na qualidade do serviço da rede de sensores sem fios devido a restrições limitadas.

1. Taxa de transferência - Taxa de transferência de diferentes esquemas criptográficos a 10, 20, 30 e 40 nós.

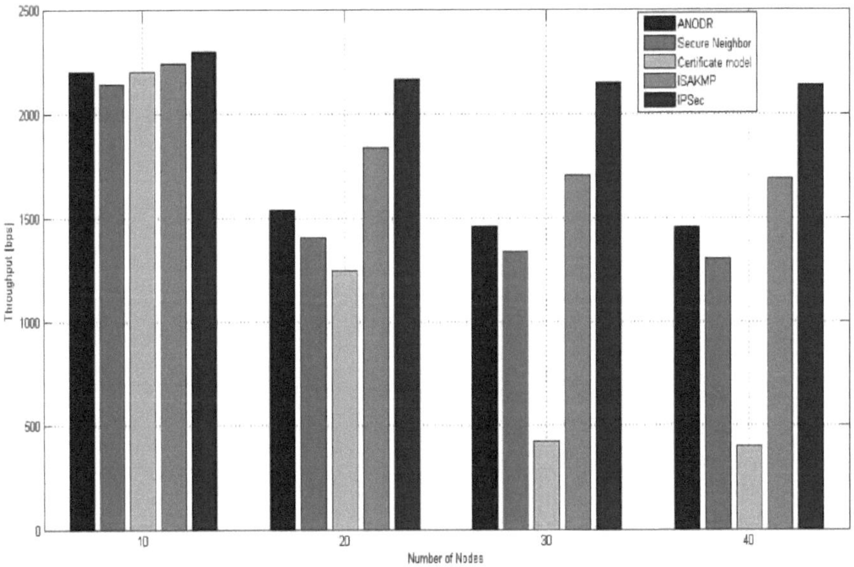

Figura 4.1 Rendimento

O gráfico acima mostra a variação do débito de diferentes esquemas de segurança. Neste, o débito do esquema de segurança IPsec é superior ao dos outros esquemas de segurança e há uma ligeira degradação do débito quando o número de nós aumenta. Baseia-se num esquema criptográfico de chave simétrica e funciona com DSE- CBC e o algoritmo HMAC-SHA para a cifragem/desencriptação e autenticação. A taxa de transferência do modelo de certificado diminui rapidamente à medida que o número de nós aumenta. Baseia-se num esquema de criptografia assimétrica que utiliza RSA e o algoritmo HMAC-SHA para a geração e autenticação de certificados. A taxa de transferência do esquema de criptografia de chave simétrica , denominado IPsec, é 928,1 bits por segundo superior à do esquema de chave assimétrica denominado modelo de certificado. Nos esquemas ANODR, ISAKMP e modelo de vizinho seguro, também se regista uma degradação do débito com o aumento do número de nós. Os esquemas criptográficos de chave simétrica têm o melhor desempenho para as redes de sensores sem fios, uma vez que a degradação do débito é menor do que a dos esquemas criptográficos assimétricos.

2. Atraso de ponta a ponta - Atraso de ponta a ponta de diferentes esquemas de segurança para 10, 20, 30 e 40 nós.

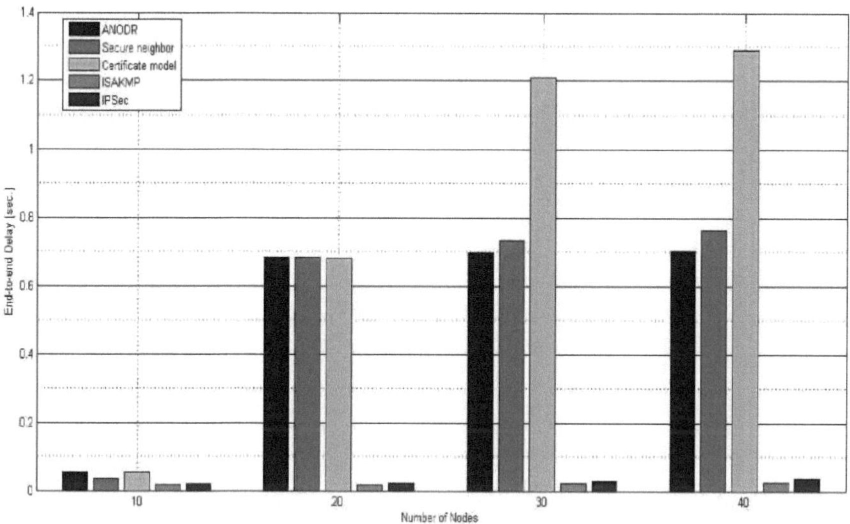

Figura 4.2 Atraso de ponta a ponta

O gráfico acima mostra a variação do atraso extremo-a-extremo de diferentes esquemas de segurança na rede de sensores sem fios. Os esquemas criptográficos assimétricos têm um atraso de extremo a extremo mais elevado do que os esquemas criptográficos de chave simétrica. Os esquemas de criptografia de chave pública ocupam mais espaço de armazenamento devido ao seu grande tamanho. Exigem muito tempo para o processamento de algoritmos longos do que os sistemas de criptografia de chave privada. Neste caso, o atraso de extremo a extremo do modelo de certificado é muito elevado e aumenta rapidamente à medida que o número de nós aumenta. Neste caso, é utilizado o algoritmo de chave pública RSA para a criação de certificados. Os sistemas de segurança baseados na criptografia de chave simétrica têm um atraso de extremo a extremo menor. O atraso extremo-a-extremo do esquema de criptografia de chave simétrica denominado ISAKMP é 0,62796 segundos inferior ao dos esquemas criptográficos baseados em chave assimétrica. O esquema de modelo de certificado tem um atraso de extremo a extremo mais elevado entre todos os esquemas criptográficos. O esquema de segurança IPsec também tem um menor atraso de extremo a extremo. Com o aumento do número de nós, o atraso extremo-a-extremo de todos os esquemas de segurança aumenta, mas nos esquemas ISAKMP aumenta lentamente, pelo que tem o melhor desempenho para as redes de sensores sem fios.

3. Energia consumida no modo de transmissão para 10, 20, 30 e 40 nós.

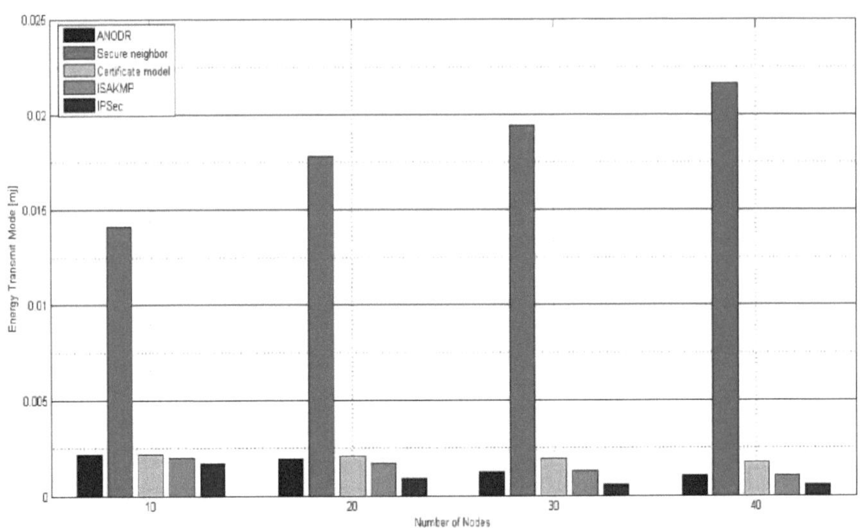

Figura 4.3 Energia consumida no modo de transmissão

Este gráfico mostra a variação do consumo de energia dos diferentes esquemas de segurança no modo de transmissão. Neste caso, o modelo de vizinho seguro consome mais energia e aumenta rapidamente quando o número de nós aumenta, pelo que é considerado o pior no caso do modo de transmissão de energia. O consumo de energia do esquema de segurança IPsec é muito inferior ao dos outros esquemas de segurança e diminui à medida que o número de nós aumenta, pelo que é considerado o melhor esquema de segurança para a rede de sensores sem fios. O esquema de chave simétrica consome menos 0,0160516mj de energia no modo de transmissão do que os esquemas baseados em chave assimétrica. Os esquemas de segurança ISAKMP também consomem menos energia à medida que o número de nós aumenta do que outros esquemas baseados em criptografia de chave assimétrica.

4. Energia consumida no modo de receção para 10, 20, 30 e 40 nós.

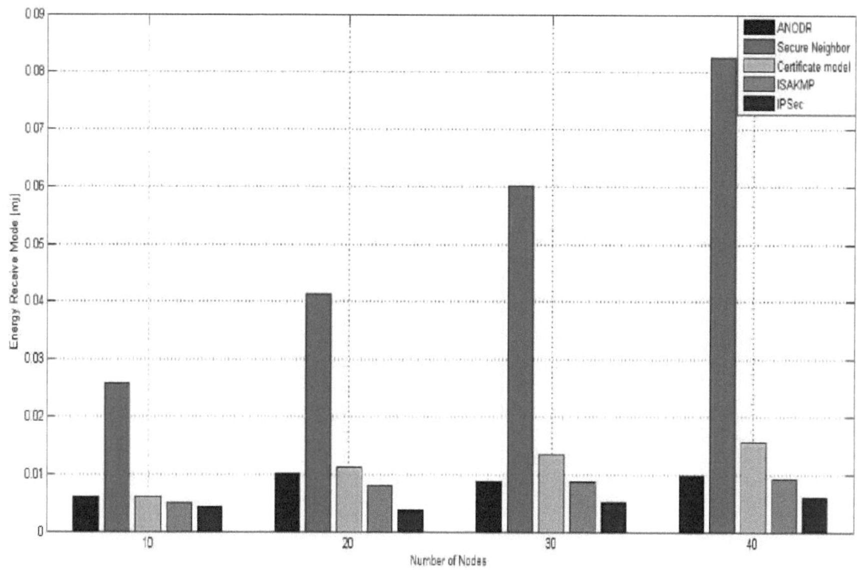

Figura 4.4 Energia consumida no modo de receção

O gráfico acima mostra a variação do consumo de energia dos diferentes esquemas de segurança no modo de receção de energia. Neste caso, o modelo de vizinho seguro consome mais energia nos modos de receção do que os outros esquemas de segurança e o seu consumo de energia aumenta rapidamente à medida que o número de nós aumenta. O esquema de segurança IPsec voltou a consumir menos energia do que os outros esquemas de segurança. O esquema criptográfico de chave simétrica consome menos 0,037991mj de energia do que os esquemas criptográficos baseados em chave assimétrica. O seu consumo de energia também aumenta a um ritmo mais lento do que o dos outros sistemas de segurança. Neste caso, é considerado o melhor.

No que respeita ao consumo global de energia, o esquema de segurança IPsec é o melhor de todos os outros esquemas de segurança. O esquema de segurança ISAKMP também tem um bom desempenho, pois consome menos energia. Os esquemas de segurança baseados na criptografia de chave simétrica consomem menos energia do que os esquemas de criptografia de chave assimétrica.

5. **Jitter** - Jitter de diferentes esquemas de segurança para 10, 20, 30 e 40 nós.

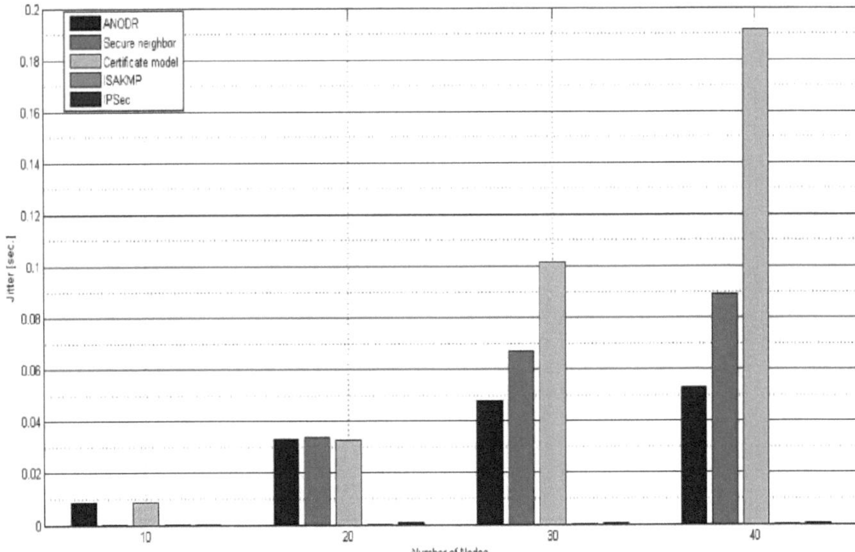

Figura 4.5 Jitter

A rede é considerada eficiente e fiável se o seu jitter e o rácio de perda de pacotes forem menores. Os esquemas baseados em chaves simétricas têm menos instabilidade do que os esquemas baseados em chaves assimétricas. Os esquemas IPSec e ISAKMP, ou seja, os esquemas baseados em chaves simétricas, têm menos instabilidade e aumentam à medida que o número de nós aumenta, mas muito menos do que os esquemas baseados em chaves assimétricas, ou seja, ANODR, modelo de vizinho seguro e modelo de certificado, como mostra a fig. 4.5. O esquema do modelo de certificado tem mais instabilidade do que os outros esquemas.

6. Total Packet Received- Total de pacotes recebidos de diferentes esquemas de segurança para 10, 20, 30 e 40 nós.

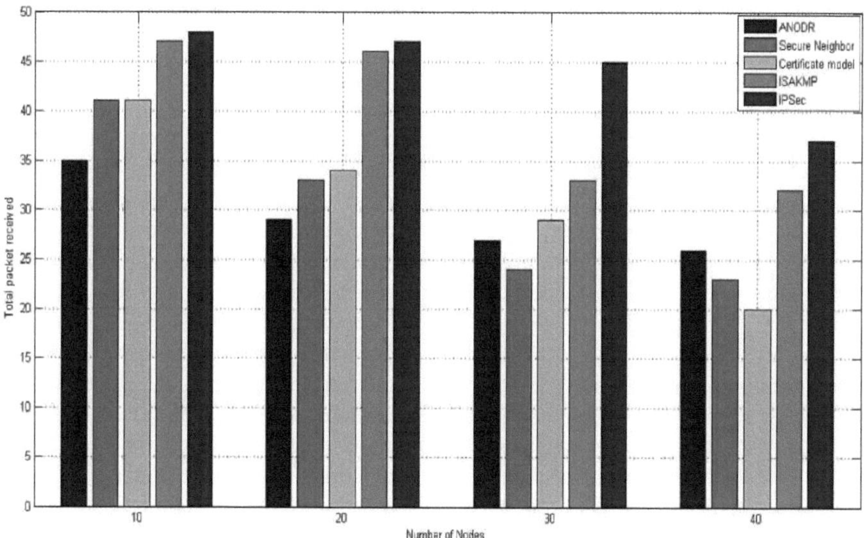

Figura 4.6 Total de pacotes recebidos

O total de pacotes enviados num conjunto de simulações para diferentes esquemas criptográficos é de 48. Nos esquemas baseados em chaves simétricas, o número total de pacotes recebidos é superior ao dos esquemas baseados em chaves assimétricas. A perda de pacotes é maior nos esquemas baseados em chaves assimétricas do que nos esquemas baseados em chaves simétricas. O total de pacotes recebidos pelo IPSec, ou seja, os esquemas baseados em chaves simétricas, é de 177 em 192 pacotes (192 pacotes é a soma da escalabilidade dos nós, ou seja, 10, 20, 30 e 40 nós) e pelo ANODR, ou seja, os esquemas baseados em chaves assimétricas, é de 117 em 192 pacotes, como mostra a fig. 4.6.

Capítulo 5

5. CONCLUSÃO E TRABALHO FUTURO

Nesta tese, apresento diferentes esquemas de segurança baseados em criptografia de chave simétrica e assimétrica e a forma como afectam a QOS das redes de sensores sem fios é investigada com base em métricas como a taxa de transferência, o atraso extremo-a-extremo, a instabilidade, o total de pacotes recebidos e o consumo de energia. O desempenho sofre geralmente uma degradação com a adição de serviços de segurança nas RSSF. Como é evidente, os esquemas baseados na criptografia de chave simétrica têm sido, até à data, a principal fonte de segurança nas redes de sensores sem fios. A seleção dos métodos criptográficos adequados depende da capacidade de processamento dos nós sensores, caracterizada por restrições de energia, capacidade de computação, memória e largura de banda de comunicação. A mobilidade dos nós sensores tem uma grande influência na topologia da rede de sensores. A mobilidade pode ser na estação de base e também nos nós sensores, o que pode afetar o QOS da rede de sensores sem fios. Os esquemas criptográficos de chave assimétrica afectam mais a QOS da rede de sensores sem fios do que os esquemas criptográficos de chave simétrica. A simulação permitiu concluir que o débito dos esquemas de chave simétrica é superior ao dos esquemas criptográficos de chave assimétrica. O rendimento do sistema criptográfico de chave simétrica IPSec é superior ao de outros sistemas de segurança. Funciona com o algoritmo DES-CBC. Do ponto de vista da autenticação, o algoritmo CBC-MAC é o método mais popular de autenticação para algoritmos baseados em chaves simétricas.

O atraso extremo-a-extremo dos esquemas criptográficos de chave assimétrica é também superior ao dos esquemas criptográficos baseados em chave simétrica. O esquema de modelo de certificado tem um atraso de extremo a extremo mais elevado do que todos os outros esquemas e aumenta rapidamente com o aumento do número de nós. O esquema baseado em chave simétrica, nomeadamente o ISAKMP, tem um atraso de extremo a extremo muito menor do que todos os esquemas criptográficos. Os esquemas criptográficos de chave assimétrica exigem mais espaço de armazenamento e tempo para o seu processamento. O atraso extremo-a-extremo dos esquemas IPSec está próximo do esquema ISAKMP.

O consumo de energia dos esquemas baseados em chaves simétricas é menor do que o dos esquemas criptográficos de chaves assimétricas. O esquema criptográfico baseado em chave simétrica denominado IPSec consome menos energia tanto no modo de transmissão como no de receção.

O jitter e a perda de pacotes dos esquemas baseados em chaves assimétricas são superiores aos dos esquemas baseados em chaves simétricas. O esquema baseado em chaves simétricas denominado IPSec tem uma taxa de jitter e de perda de pacotes inferior à dos outros esquemas criptográficos, como mostram as figuras 4.5 e 4.6.

A QOS dos esquemas criptográficos baseados em chaves simétricas é melhor do que a dos esquemas baseados em chaves assimétricas para as redes de sensores sem fios. O esquema criptográfico baseado em chave simétrica IPSec tem um QOS elevado em relação a outros esquemas criptográficos.

O trabalho futuro inclui a análise de esquemas criptográficos de chave simétrica sob ataques diferentes.

REFERÊNCIAS

[1] Alwan Hind e Agarwal Anjali, 2012. "Um mecanismo seguro para o encaminhamento de QOS em redes de sensores sem fios", *IEEE.*

[2] Boyle David e Newe Thomas, 2008. "Securing Wireless Sensor Networks: Security Architectures", *Journal of networks*, Vol. 3, No. 1, pp. 65-77.

[3] Chandra Sekhar Vorugunti e Sarvabhatla Mrudula, 2012. "Segurança em Redes de Sensores Sem Fio com Técnicas de Chave Pública", *IEEE-Conferência Internacional de Comunicação Computacional e Informática.*

[4] Chaudhari H.C. e Kadam L.U., 2011. "Wireless Sensor Networks: Security, Attacks and Challenges", *International Journal of Networking*, Vol. 1, No. 1, pp. 4-16.

[5] Dadarlat Vasile, 2012. "WSeH: Proposta de uma estrutura de monitoramento adaptativo para RSSFs, com segurança aprimorada e suporte a QoS", *IEEE*, pp. 7-12.

[6] Devi Aurna D. e Subashini P., 2012. "SNAuth-SPMAODV: Autenticação de vizinho seguro Prioridade estrita Multipath AODV contra ataque de negação de serviço para MANET em cenário militar", *Revista Internacional de Aplicações Informáticas*, Vol. 48, No. 4, pp. 1-6.

[7] Dr. Padmavathi G., Dr. Subashini P. e Devi Aruna D., 2012. "DSSS com o protocolo de gestão de chaves ISAKMP para proteger a camada física de uma rede adhoc móvel", *International Journal of Network Security & Its Applications (IJNSA)*, Vol. 4 No. 1, pp 69-76.

[8] Dr. Padmavathi G. e Shanmugapriya D., 2009. "A Survey of Attacks, Security Mechanisms and Challenges in Wireless Sensor Networks", *International Journal of Computer Science and Information Security*, Vol. 4, No. 1 and 2, pp. 1-9.

[9] Dr. Padmavathi G., Dr. Subashini P. e Devi Aruna D., 2012. "ANODR-ECC Key Management protocol with TELNET to secure Application and Network layer for Mobile Adhoc Networks", *International Journal of Distributed and Parallel Systems*, Vol. 3, No. 1, pp. 331-339.

[10] Dr. Jain Kumar Manoj, 2011. "Redes de sensores sem fios: Security Issues and Challenges", *IJCIT*, Vol. 2, No. 1, pp. 62-67.

[11] Eldefrawy Hamdy Mohamad, Khan Khurram Muhammad e Alghathbar Khaled, 2010. "A Key Agreement Algorithm with Rekeying for Wireless Sensor Networks using Public Key Cryptography", *IEEE.*

[12] Ganesh Anirudh Ramaswamy, Manikandan Naveen, Sethu S, Sundararajan R e Pargunarajan K, 2011. "An Improved AES-ECC Hybrid Encryption Scheme for Secure Communication in Cooperative Diversity based Wireless Sensor networks", *IEEE-International Conference on Recent Trends in Information Technology, ICRTIT.*

[13] Garcia-Otero Mariano e Poblacion-Hemandez Adrian, 2012. "Secure Neighbor Discovery in Wireless Sensor Networks Using Range-Free Localization Techniques", *International Journal of Distributed Sensor Networks,* Vol. 5, pp. 1-12.

[14] Granjal Jorge, Monteiro Edmundo e Silva Jorge Sa, 2010. "Enabling network-layer security on Ipv6 Wireless Sensor Networks", *IEEE Globecom* pp. 12- 18.

[15] Granjal Jorge, Monteiro Edmundo e Silva Jorge Sa, 2010 "A secure interconnection model for

IPv6 enabled Wireless Sensor Networks", *IEEE, pp. 1-6.*

[16] Jemai A., Mastouri A. e Eleuch H., 2011. "Study of key pre-distribution schemes in wireless sensor networks: case of BROSK (use of WSNet)", *Applied Mathematics & Information Sciencesan International Journal*, Vol. 5, No. 3, pp. 655-667.

[17] Jeong J., Jiang X.F. e Culler D.E., 2007. "Design and Analysis of Micro-Solar Power Systems for Wireless Sensor Networks", *Electrical Engineering and Computer Sciences.*

[18] Johnson M., Healy M., Van de Ven P., Hayes M., Nelson J., Newe T. e Lewis E., 2009. "A Comparative Review of Wireless Sensor Network Mote Technologies", *IEEE Sensors.*

[19] Kahate Atul, "Cryptography and network security", *The Tata Mcgraw- hill*, 2003.

[20] Karunakaran P. e Dr. Venkatesh V., 2012. "Traffic and Security using Randomized Dispersive Routes in Heterogeneous Sensor Network, International Journal of Distributed and Parallel Systems" *IJDPS,* Vol.3, No. 1, pp. 219-228.

[21] Kavitha T. e Sridharan D., 2010. "Security Vulnerabilities in Wireless Sensor Networks: A Survey", *Journal of Information Assurance and Security*, vol. 5, pp. 31-44.

[22] Kesavan Thiruppathy V. e Radha Krishnan S., 2012. "Abordagem de segurança baseada em criptografia de chave secreta para redes de sensores sem fios", *Conferência IEEE sobre avanços recentes em sistemas informáticos e de software*, pp. 185-191.

[23] Khurri Andrey, Kuptsov Dmitriy e Gurtov Andrei, 2010. "On Application of Host Identity Protocol in Wireless Sensor Networks", *IEEE*, pp. 538-545.

[24] Kong Jiejun e Hong Xiaoyan, 2004. "ANODR: Anonymous On Demand Routing with Untraceable Routes for Mobile Adhoc Networks*", ACM.*

[25] Kun Zhang e Cuirong Wang, 2010. "A new Group Key Management Scheme with Simple Hash Based Authentication for Wireless Sensor Networks", *IEEE-International Conference on Computer Design and Applications,* Vol. 2, pp. 626- 629.

[26] Iwendi C.O. e Allen A.R., 2011. "CIA Security Management for Wireless Sensor Network Nodes", *Simpósio de Pós-Graduação sobre a Convergência das Telecomunicações, Redes e Radiodifusão, pp. 123-128.*

[27] Md. Salam Iftekhar, Kumar Pardeep e Lee Hoon Jae, 2010. "An Efficient Key Predistribution Scheme for Wireless Sensor Network Using Public Key Cryptography", *Networked Computing and Advanced Information Management, IEEE*, pp. 402-407.

[28] Norman Jasmine e Joseph Paulraj, 2011. "Autenticação segura da vizinhança em redes de sensores sem fios", *IEEE.*

[29] Qian Sun, 2012. "A Novel Key Pre-distribution for Wireless Sensor Networks", *Conferência Internacional sobre Dispositivos de Estado Sólido e Ciência dos Materiais*, pp. 2183-2189.

[30] Ramesh kumar M. e Dr. Gnana Dhass Suresh C., 2012. "Design an Enhanced Certificate Based Authentication Protocol for Wireless Sensor Networks", *International Journal of Advanced Research in Computer Science and Software Engineering*, Volume 2, no. 10, pp. 190-199.

[31] Ramannavar Manjila M. e Jagtap Monica M., 2012. "Authentication in Wireless Sensor

Networks Using Virtual Certificate Authorities", *International Journal of Emerging Technology and Advanced Engineering* ,Volume 2, No. 11, pp. 81-85.

[32] Raza Shahid, Chung Tony, Duquennoy Simon, Yazar Dogan, Voigt Thiemo e Roedig Utz, 2011. "Securing Internet of Things with Lightweight IPsec", *SICS*, Vol. 8, pp. 1-26.

[33] Sahni Varsha, Thapar Vivek e Jain Bindiya, 2011. "Security Implications of Ad-hoc Routing Protocols against Wormhole Attack using Random Waypoint Mobility Model in Wireless Sensor Network", *International Journal of Computer Science and Information Security*, Vol. 9, No. 11, pp. 138-147.

[34] Sen Jaidip, 2009. "A Survey on Wireless Sensor Network Security", *International Journal of Communication Networks and Information Security (IJCNIS)* Vol. 1, No. 2, pp. 55- 78.

[35] Shaik Basha Syed e Setty S.P., 2010. "Performance Comparison of AODV, DSR and ANODR for Grid Placement Model", *International Journal of Computer Application*, Vol. 11, No. 12, pp. 6-9.

[36] Shokri Reza, Poturalski Marcin, Ravot Geal, Papadimitratos Panos e Hubaux Jean-Pierre, 2009. "A Practical Secure Neighbor Verification Protocol for Wireless Sensor Networks", *conferência ACM sobre segurança de redes sem fios,* pp. 1-8.

[37] Shyamala R. e Dr. Valli S., 2009. "Securing route discovery in MAODV for wireless sensor network", *UbiCC Journal*, Volume 4, N.º 3, pp. 775-783.

[38] Yang Loong Mee, Al-Anbuky Adnan e William Liu , 2012. "A Fast and Efficient Key Agreement Scheme for Wireless Sensor Networks", *International Conference on Wireless and Mobile Communications,* Vol. 5, pp. 231-237.

[39] Yu Zhang, 2012. "O esquema da infraestrutura de chave pública para melhorar a segurança das redes de sensores sem fios", IEEE, pp. 626-629.

[40] Yick Jennifer, Mukherjee Biswanath, Ghosal Dipak,(2008), Wireless sensor network survey, *computer networks (Elsevier),vol. 52,* pp. 2292- 2330.

Apêndice A

PUBLICAÇÕES

[1] Singh Gurjot e Dhanda Kaur Sandeep, 2013. "Performance Analysis of Security Schemes in Wireless Sensor Network", International Journal of Advanced Research in Computer and Communication Engineering, Vol. 2, Issue. 8, pp. 3217- 3223.

[2] Singh Gurjot e Dhanda Kaur Sandeep, 2014. "Melhoria da qualidade do serviço da rede de sensores sem fio usando esquemas criptográficos de chave simétrica" Revista Internacional de Tecnologia da Informação e Ciência da Computação, 2014, 08, pp. 32-42.

Printed by Books on Demand GmbH, Norderstedt / Germany